子どもの読書力を育てる
学校図書館活用法
1年～6年

渡辺暢恵 [著]

黎明書房

は　じ　め　に

　この何年かで，子どもの読書環境は次第によくなってきました。学校図書館法改正により，不完全ながらも小・中学校に司書教諭の配置が義務づけられました。「子どもの読書活動推進に関わる法律」が制定されてからは，地方自治体で子どもの読書を考え，広めていく取り組みが進んでいます。学校では「朝読書」が盛んになってきました。さらに，保護者が中心となって作る「図書ボランティア」の活動も活発になってきています。

　何より，子どもの読書環境づくりに役立っているのは，学校司書の配置です。学校司書というのは，学校図書館に専属でいて環境を整え，子どもたちと本との橋渡しをする人です。教諭ではありません。多くは市や町の雇用でその職名も様々ですが，この学校司書の活躍で学校図書館は大きく進展しました。ボランティアにはこの役目は果たせません。未来を担う子どもたちのために，早急に全校配置，正規の職にしていきたいものです。

　しかし，このように読書環境は改善されてはいるものの「何を読んだらいいのかわからない」という子どものつぶやきや，「もっと進んで本を読むようになってほしい」という保護者や先生の願いは依然としてあります。

　この解決のために考えたのが，第2章の「テーマのある読書の時間」です。「図書室に行って好きな本を読みましょう」という読書の時間ではなく，めあてをはっきりさせます。

　本文に詳しく書きましたが，読む本と時間を確保しますから，子どもたちは集中して読みます。さらに何人かは続けて休み時間や家庭で自分で読みますし，保護者もその姿を見て公共図書館に連れて行ったり書店で本を買ってあげたりするようにもなります。

　児童数の多い学校は，学校図書館の配当時間が決まっていたり，利用したいクラスが重なってしまうという悩みが生じますが，ここで紹介する「テーマのある読書の時間」は，1つのテーマの本を人数分確保すればいいので，その時間だけ本を移動して，教室でも実施できます。

　学校図書館は，教育の一環として生かされる場ですから，楽しむと同時に新しいことに

挑戦したり，知らなかったことを覚えるために利用されなければいけません。ですから，テーマは，子どもの発達段階や教科のカリキュラムに沿って偏りなく考えてください。本書では，1年生から6年生まで5例ずつ合わせて30例書きました。もちろん「自由に選んで読みましょう」という時間も必要です。

　基本的に授業時間内での活用を書きましたが，朝や昼休みなどで読み聞かせをするときにはそのテーマをどう利用するかを〔授業以外の活用〕という欄に書きました。ボランティアや図書委員会活動の参考にも使ってください。

　子どもたちは，みんな本が好きです。読まない子がいたら，それは周りの大人たちが適切な手立てをしないためだと言っても言い過ぎではありません。一人でも多くの子が1冊でも多くのよい本にめぐり会えるように願いをこめて，この本を書きました。

　ご質問があれば，わかる限りお答えしますので，巻末の用紙をご活用ください。コピーして何度でもお使いください。

読書の時間，全員座って一生懸命読みます（1年生）
撮影：千葉市立星久喜小学校　依岡工教諭

　最後になりましたが，「テーマのある読書の時間」の検証にご協力いただきました先生方，本当にありがとうございました。また学校図書館活性化に向けて3冊目の本を出版していただきました黎明書房の社長さん，担当の藤川知穂さんと皆様に深く感謝申し上げます。

　　2005年2月

　　　　　　　　　　　　　　　　　　　　　　　　　　　　　　渡辺暢恵

＊本文では「学校図書館」ではなく，耳慣れた「図書室」にしてあります。

もくじ

はじめに　*1*

●コラム●学校図書館，3つの役目　*6*

第1章　図書室の有効活用

1　図書室は，授業中に全員で使う場所　*8*
2　図書室をよりよく活用するには？　*10*
3　自分で読む力をつける　*12*
4　「テーマのある読書の時間」の進め方　*13*
5　本当に力をつける調べ学習　*17*
6　図書ボランティアの協力　*19*

●コラム●絵本の読み聞かせ方　*21*

第2章　「テーマのある読書の時間」の実際

ブックトーク・読み聞かせの効果と課題　*24*
「テーマのある読書の時間」を　*25*
ワークシートの活用について　*25*

1年生

① みんなで言ってみよう！　　■子どもが参加できる読み聞かせ　*26*
② いろっておもしろいね　　　■ひと工夫した読み聞かせ　*28*
③ たのしいねずみの本を読んでみよう　　■自分で読めるように　*30*
④ あきのむしをしらべよう　　■くわしく読めるように　*32*
⑤ たのしい本のみつけかた　　■書架の本をさがす手がかり　*34*

2年生			
	①	ぜんぶ１人で読むよ	■１冊の本を読み通す　36
	②	日本のむかしばなしを読もう	■昔話に親しむ　38
	③	しおりをつかってエルマーとぼうけん	■少し長い本を読み通す　40
	④	なぞなぞだすよ	■正確に読めるように　42
	⑤	たんぽぽの本を読もう	■楽しく調べる　44

3年生			
	①	だれかにそっくりの王さま	■多読で読む力をつける　46
	②	図鑑っておもしろいね	■図鑑の使い方を覚える　48
	③	チョウについて調べよう	■目的を絞った調べ学習　50
	④	世界の名作クイズ	■長い物語を味わって読む　52
	⑤	みんなで詩を楽しもう	■詩の楽しさを味わう　54

4年生			
	①	伝記に出ている人たちを知ろう	■生き方を考える一歩に　56
	②	作文集を読もう	■作文のおもしろさを感じる　58
	③	行ってみたい国	■本を使って国際理解　60
	④	動物の物語を読もう	■読書の楽しさを味わう　62
	⑤	おすすめのシリーズ	■多読で読む力をつける　64

5年生			
	①	新聞を読んで考えよう	■社会に目を向ける　66
	②	作者を知ろう	■本を読み進めるために　68
	③	魔女・魔法使いの本	■長い物語に挑戦する　70
	④	注文の多い料理店＆宮沢賢治賞	■物語や詩の楽しさを味わう　72
	⑤	みんな大切な人	■人権を考えるきっかけに　74

6年生			
	①	グリム物語をじっくり読もう	■物語のおもしろさを味わう　76
	②	「よだかの星」と，宮沢賢治	■文学作品を味わう　78
	③	日本の歴史を読破しよう！	■歴史に親しむ　80
	④	ハンディがあるってどういうこと？	■障害がある人との共生を考える　82
	⑤	夢に向かって	■自分の生き方を考える　84

●コラム●家庭で夕方読書　86

もくじ

第3章　理解を深めるワークシート

- ページのめくりかた（1年③） *88*
- あきのむしをしらべよう（1年④） *89*
- むかしばなしを読もう（2年②） *89*
- ○×クイズ（2年⑤） *90*
- 図鑑を読もう（3年②） *90*
- チョウについて調べよう（3年③） *91*
- 世界の名作クイズA（3年④） *92*
- 世界の名作クイズB（3年④） *93*
- 詩を書き写す用紙（3年⑤） *94*
- 伝記クイズA・B（4年①） *95*
- 伝記の人物紹介用紙（4年①） *96*
- 作文を読もう（4年②） *97*
- 宮沢賢治の物語を読もう（6年②） *97*
- 行ってみたい国（4年③） *98*
- 動物の物語（4年④） *99*
- おすすめのシリーズ（4年⑤） *99*
- 作者を知ろう（5年②） *100*
- 「雨ニモマケズ」暗唱練習用紙（5年④） *101*
- 宮沢賢治賞（5年④） *102*
- 「日本の歴史」を読破しよう！（6年③） *103*
- 将来の仕事①（6年⑤） *104*
- 将来の仕事②（6年⑤） *105*
- 夢に向かって（6年⑤） *106*
- 予約の順番用紙 *107*

- 学年別おすすめの本20冊 *108*
- 掲出図書一覧 *113*
- 索引 *117*
- 質問・相談用紙 *118*

本文イラスト：中村美保

学校図書館，3つの役目

(1) 学習を支援する

　学校図書館は，常に学習に使われることを意識してつくられなければいけません。調べ学習をするときに資料となる本はそろっているでしょうか？　新しい百科事典や本以外の資料もありますか？　インターネットに接続したコンピュータは館内，またはすぐそばの教室にありますか？

　予算は限られていますので，高価な事典類は，禁帯出にして，館内で使うようにすることや，教室で使う場合は担任の先生が責任持って記録しておくなど，本を大切に使う配慮も必要になります。

　年度末には，学校図書館の本をどの教科のどんな内容で使ったか，足りなかった本はなかったかなどを調査して次年度の選書に使ってください。

(2) 読書力を養い，心を豊かにする

　以前は「読書を通して心を豊かにする」と掲げていましたが，心を豊かにする本を読むためには，まず「読めるように」しなければいけないと多くの子どもたちと接する中で考えるようになりました。

　そのためには，読み聞かせに始まり，ブックトーク，テーマのある読書の時間の設定などいろいろな方法を使っていかなければいけません。「どうか，この子の心に届きますように」と願いをこめて，1冊1冊丁寧に一人一人に手渡すことも大切です。その年齢でしか味わえない楽しさが絵本や児童書にはあります。時期を逃さないように適切にすすめていきたいと思います。

(3) ほっとくつろげる場の提供

　何かと忙しい子どもたちが，学校図書館に来るとほっとできるように，掲示や展示物，小物や観葉植物，季節の飾りなどを工夫して，温かい雰囲気をつくってください。何よりいいのは，学校司書がいることです。「人」のぬくもりに勝るものはありません。ボランティアの方の協力もお願いします。

第1章

図書室の有効活用

学校司書が,オリエンテーションで十進分類法を説明
撮影　四街道市立南小学校　飯田和成教諭

図書の分類ができて，貸し出しのシステムも整った学校が増えてきました。さらに，どの学年・学級も図書室で豊かな学習や読書ができるようにするには，いろいろな工夫や努力が必要になります。この章では具体的な手立てを書きました。

1　図書室は，授業中に全員で使う場所

　小学校1年生で文字を拾い読みしていた子も，日に日に力がつき，学年が進むにつれてさらに読むことが上手になっていきます。しかし，周囲の大人がどんな環境を用意したかで大きく差がつきます。家庭の姿勢にもよりますが，学校はすべての子どもをあずかる場所なので，どの子の可能性も伸ばしたいものです。ですから図書室で全員に読む時間をできる限りとってください。

　読む時間がとれなかったら，借りている本を返して，次に読む本を借りる時間をとるだけでもいいのです。休み時間に行きたい子だけが行くのではなく，全員を図書室へ，本のそばへ連れていってください。

　ある小学校でアンケート調査したところ，年間20冊以上本を借りた子の80パーセント近くは，授業中に借りています。そのうち借りた本を読まずに返した子はいませんでした。逆に，ほとんど図書室の本を借りない子のクラスは，授業中の活用が少ないということもわかりました。

　例えば図書室で教室と同じような授業をして，最後の10分間は「読書をしましょう」というようにしてもいいのではないでしょうか？　ボランティアの方も図書室でできる内容のものはできるだけ，図書室を使ってください。学校によってはクラスごとに優先して使う時間が決まっていますので，相談してください。

　つまり，図書室に入ることにまず意義があるのです。そこで，本に触れることができるからです。「あ，おもしろそう」と手にとるきっかけができます。

　図書室で読書をする時間をとると，いつまでも歩き回って選べない子が数人見られます。座って読んだと思うとすぐに交換しに行ってしまい，読む時間があまりない子もいます。どうも図書室での読書は息抜きのように考えているようにも見えます。本を楽しむことと，休み時間のような感覚は似ていて違います。

　「好きな本を選んで読みましょう」と言うと勘違いしてしまいますので，その時間のめあてをはっきりさせたテーマのある読書の時間を成立させてください。体育の時間に「グラウンドで好きなことをしましょう」と言ったら授業として成立しないのと同じです。教室で何かが終わった順に図書室に行って読書をするというやり方は，休み時間のような感覚になりやすく，毎回では困ります。

　また，子どもたちのいる時間は，いつでも学習できるようにしておきましょう。「どうし

ても」というとき以外は，会議などには使わないよう学校図書館司書教諭が頼んでください。要は，先生も子どもたちも図書室を学習の場であるという認識を持ち，各教科に生かしていくようにしていくことです。そのためには，担当者から先生方へのＰＲも必要になってきます。例えば，次のような先生向けのお便りを出してみてください。

先生方への図書室通信

桜咲小学校　図書担当部
平成16年9月6日

新刊が入りました

◇各学年の調べ学習用の本

1年生　「はたらく車」関連の本 10冊（国語）
2年生　「サケ」に関する本　12冊（国語）
3年生　昆虫図鑑　4種類　12冊　図鑑の見方の学習に（国語）
4年生　手話の本2セット（総合）環境問題，主にゴミ問題5冊（社会）
5年生　方言の本　今まである本とは別のセットです。（国語）
　　　　工業の本（社会）　宮沢賢治絵本セット（国語）
6年生　国際理解の本（総合）　将来の仕事　1セット（総合）

☆　これらの本は，3日間，職員室の後ろの机に展示しますので，ご覧ください。これから授業で使う予定の本は，書架に並べないで保管しておきますので，言ってください。

☆　調べ学習をする場合は，図書室の本の冊数を確認してください。学校司書にもご相談ください。対応します。

上記以外の新しい本は，図書室の新刊コーナーに並べます。
学級の読書の時間にご活用ください。先生が借りる場合も貸し出し手続きをお願いいたします。

　全員が1つのテーマで読む場合，事前に学校司書に相談してください。一度にたくさんの児童に対応するのは大変ですから準備しておいてもらいます。

2　図書室をよりよく活用するには？

　熱心な学校図書館司書教諭がいる学校では当然行われていることばかりですが，次のような配慮をすると図書室の利用がさらに活発になります。

1　全員に図書室でオリエンテーションをする

　この「全員」は，子どもと先生方全員です。養護教諭や専科の先生，希望があれば保護者にも参加してもらいます。みんなの図書室にしていく第一歩です。

　やり方は，各クラス1時間ずつが理想ですが，時間がとれなければ，2クラスずつにしたり，各クラス20分ずつ行うなど工夫します。必ず**担任の先生も一緒に**聞いてもらいます。担任の先生の姿勢が子どもたちの読書に大きく影響するからです。

　1　本の借り方・返し方の約束を確認する。
　2　図書室内の本の分類のしかたを知る。
　3　実際に1冊ずつ借りてみる。

　さらに時間があれば，読み聞かせや本の紹介，本のクイズなどをします。

2　テーマのわかる選書をしていく

　予算は限られていますので，何もかもはそろえられません。1クラスが授業で使えるテーマごとの本を何年か計画で入れていきます。例えば，国際理解に関する本を今年度は20冊入れる。来年は違うセットをまた20冊入れる，というようにします。同じ本を20冊ではありません。一つのテーマに関する違う本を20冊です。かつて集団読書といって，同じ本を人数分そろえる方法がありましたが，それは一度しか使えず，もったいないです。もし，同じ本を人数分そろえるなら，近隣の学校と相談して，学校ごとに違う本を入れると，貸し借りができて有効です。

　この本であげているテーマは，発達段階にも合っていますので，順にそろえていただけば子どもたちに利用されると思います。足りないうちは，公共図書館から借ります。何度か借りるうちに必要とする本がわかってもらえて協力体制がつくられてきます。

3　コンピュータの導入を積極的にする

　もうすでに図書室にコンピュータが入っている学校もありますが，まだまだです。せめて，コンピュータ室を図書室の近くにすると同時に使えるのですが。調べ学習の資料は足りませんし，新しい情報もほしいのでインターネット検索が必要です。コンピュータで蔵書管理をしてバーコードを利用しての貸し出しは，大きな予算がいりますが，インターネ

ットにつなぐことは，各学校進めていますので，「図書室にも」と担当者が声をあげれば設置してもらえる可能性があります。

　コンピュータ導入と同時に必要なのは学校司書です。インターネットで出した資料もレファレンス資料として活用してもらえます。子どもに検索のアドバイスもします。

4　蔵書管理をする

　図書室の大きな悩みは，本の紛失です。貸し出し手続きをしないで持ち出してそのままになってしまう本がたくさんあります。今まで，点検していない学校は，開校以来のすべての本など到底無理ですので，その年度に買った本だけでも点検してください。年末や年度末などに，全員に本を返してもらいます。台帳をコピーして，図書室にある本に印をつけます。この作業は保護者ボランティアや図書委員に協力してもらうと早くできます。

　ない本は下のように一覧にします。同じ書名の本もありますので本の蔵書番号をつけてください。これを教室や図書室などに掲示して，返却を呼びかけます。ただし，返し忘れた子が本を持ってきても，責めないでください。図書室の本を借りるのが嫌いになっては困ります。先生が指導用に借りていて，うっかりする例もあります。

　返却ボックスを図書室前や廊下につくっておくと，返しやすくなります。本をしっかり管理している姿勢を見せることで，以前返し忘れた本も戻ってきます。

次の本をさがしてください

- デルトラクエスト１（10194）
- ~~ふしぎな木の実の料理法（10204）~~　←返却されたら消す
- いちご２（10215）

5　１年間動かない本がないように

　書架に並んでいる本は，１年のうちには必ずどこかで使われるようにします。読まれない本が多くなると埃もたまり，暗く陰気な場所になります。あまり読まれないけれども廃棄にはできない本は，資料室に並べておきます。資料室がない場合は空き教室をもらいます。それもない場合は，カウンター内に本棚を置いたり，扉の中にしまったり，普段は目に入らないところに保管します。

　第２章で紹介する「テーマのある読書の時間」を設定すると，書架のどこかにスポットがあたり，今まで読まれなかった本も手にとられるようになってきます。

3　自分で読む力をつける

　読書は経験を積み重ねてできるようになります。物語ならば結末まで自力で読まなければいけませんし，調べるために読むときには，大切なことを読みとる力が必要です。そのために段階を追って，子どもを育てていきます。

1　読み聞かせで基礎をつくり，ブックトークや「テーマのある読書の時間」で伸ばす

　読み聞かせは，とてもいいものです。読み聞かせをよくしてもらっているクラスは集中力もあり，あたたかい雰囲気があります。親子であればとてもよい関係になります。どうしてかというと，単に，お話を読むだけではなく，読み手の「よい子に育ってほしい」という願いが重ねられるからです。そして，子どもたちは，お話の楽しさを知り，善悪も学びます。

　読み聞かせをしたら，同じ作者の本や，似たテーマの本をいっしょに紹介してください。例えば『せんたくかあちゃん』（さとうわきこ作，福音館書店）を読み聞かせしたら，作者である，さとうわきこさんの『ばばばあちゃん』シリーズ（福音館書店）のあるところを教えます。

　進んで本を読むようになった子は，きっかけがあります。「読みたい本との出会い」です。たくさんの子たちに接する中で，小学校の中学年ぐらいに，読むきっかけに出会う時期があるように思います。個人によって違いますが，気にいったシリーズをどんどん読み進めていく姿を何度も見ました。

　「読みたい」という気持ちを持たせる方法がブックトークです。簡単に言えば本の紹介です。ブックトークというと，あるテーマに沿って様々なジャンルから数冊を紹介するのが一般的ですが，1，2冊の紹介でもいいです。返って，印象に残るかもしれません。

　ブックトークというのは，たくさんの本を読まなければできませんし，その構成を考えるのにも時間がかかります。先生には時間的に厳しいので，学校司書やボランティアの方の力を発揮してもらいたいところです。

2　読む時間を確保する

　本が好きな子は，少しの時間でも，本を広げて読んでいますが，「読む時間がない」と言う子もいます。読むことが苦手な子は，その時間を作ることがまずむずかしいのです。ですから，学校で読む時間を確保してください。朝読書がこれにあたります。授業の読書の時間もできるだけとってください。

　時間をとっても読めない子のために，興味が持てそうな本を準備しておくことも忘れな

いでください。

4 「テーマのある読書の時間」の進め方

　「テーマのある読書の時間」というのは，子どもたち全員がもっと広く読めるようにするにはどうしたらいいか考え，実践しているうちにできてきた方法です。
　自然に本を好きになるのは一部の子です。この子たちは地域の文庫に通ったり，公共図書館に通ったりしながら，どんどん読んでいきます。その一方で「本を読んでもらうのは好き，でも自分で読むのはちょっと面倒」というところで止まってしまう子もたくさんいます。また，本をよく読む子も，限られたシリーズや物語に偏ってしまうこともあります。子どもは柔軟ですから，少し工夫した方法を使えば様々なジャンルの本を読みます。また，好きな本に出会っていきます。
※文庫とは，個人の家や公民館などを使った小さな図書室のことです。

1　テーマのある読書の時間とは？

　「好きな本を読みましょう」という読書の時間ではなく，「この時間は○○について読みましょう」と読む範囲を決める方法です。ただし条件があります。
　　　その1　子どもたちが楽しんで，進んで取り組むこと。
　　　その2　先生・学校司書に大きな負担がかからないこと。
　この2点を踏まえた上で，次の順序でします。

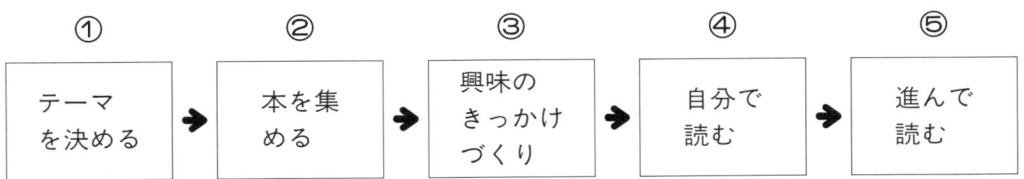

① テーマを決める → ② 本を集める → ③ 興味のきっかけづくり → ④ 自分で読む → ⑤ 進んで読む

(1)　テーマを決める

　まず，現在図書室にある本をよく見ます。その中で学年に合っていて学級全員に読ませられるテーマをさがします。第2章には，その例をいくつか入れてあります。1年「ねずみのはなし」，2年「むかしばなし」，3年「世界の名作」「詩集」「王さまシリーズ」，4年「国際理解の本」「作文集」，5年「魔女・魔法使いの本」，6年「まんが日本の歴史」などです。ここにあげた本は，たいていの図書室でそろえています。
　一度やってみると，次々テーマが見つかります。シリーズをセットで買っている場合はそのまま使えます。「○○シリーズを読もう」というようになります。

各教科の単元の中で図書室と関連づけられるテーマもたくさんあります。社会は例えば「米作り」のように，単元名がそのままテーマになります。国語は「あまんきみこの本を読もう」というように，出ている物語の作者は，すぐにテーマにつながります。説明文の発展として「○○についてもっと詳しく調べよう」のように設定することもできます。

⑵ 本を集める

テーマのある読書の時間は，本がなければできませんので，工夫して集めます。この過程で担当者が本に詳しくなり，本を選ぶ目も養われてきます。初めは面倒に感じるかもしれませんが，慣れれば簡単です。

① 自分の学校の本

一番よいのは，自分の学校の本が使えることです。「今年度○学年では，こんなテーマの読書をすすめよう」と計画を立てて，本の注文をしてください。毎年使うテーマをいくつか決めておいて，その本は継続してそろえていくと，何年かのうちに充実してきます。1年から6年まで，どの学年も一度にそろえる必要はありません。

「今年度の学年で使う予定の本の希望を出してください」と，年度初めに図書担当者は全職員に聞き，そこで希望の出てきた学年の本から入れます。わずかな予算ですから，必ず使う本を優先して入れ，そこから他の学級，学年に広めていきます。

理想を言えば，年間計画ができていて，何月は何年生がどんなテーマで本を使うかはっきりしていればいいのですが，実際はむずかしいようです。

② 公共図書館の本

図書室の本では全員で利用するのに足りないことのほうが多いですから，公共図書館で借りてきます。一つの公共図書館で足りない場合は，住んでいる市の違う先生，司書がそれぞれで借りてきます。筆者は，テーマのある読書の時間を実施する場合には，県立図書館1つ，市立図書館2つに行くようにしています。

市によっては，一般の貸し出しの他に集団貸し出しのための本があって，冊数も多く借りることができます。連携が進み，公共図書館と市内の小・中学校を宅配便の業者が回って本を貸し借りするシステムができているところもあります。このシステムには，学校司書が必要不可欠です。

③ 他の小・中学校から借りる

近隣の学校の図書室から借りてきます。学校司書どうしで連絡を取り合い，管理職の許可をとって借ります。本の背をコピーするだけではなく登録番号も控えて，きちんと返却できるように注意を払います。先に書いたように公共図書館と学校を結ぶ，本を貸し借りするシステムがあると，もっと簡単にできます。

④ 家庭にある本を借りる・寄贈を募る

テーマに関する本を家庭から持ってきてもらいます。例えば教育出版の1年生の教科書

「はたらく車」では「小さいころ読んだ『はたらく車』が出ている本をしばらく教室に貸してください」と学年だよりで出すと，集まります。

卒業生に頼む方法もあります。一番下の子が小学校を卒業するときに，読まなくなった本を処分する家庭もあるので呼びかけておきます。卒業生に限らず，いらなくなった本を寄贈してもらうと，テーマが作れるほど集まる場合もあります。図鑑，名作，伝記などが集まりやすいです。

ただ，背文字がない幼児向き冊子は，書架に並べると書名がわからないので避けてもらいます。

⑤　リサイクル本をもらう

公共図書館が本を処分するときは，学校図書館に声をかけてもらって使える本はもらいます。公共図書館の本は全部をビニールコーティングしているので傷みが少ないです。廃品回収でも出てくることがありますので，やっているところには頼んでおきます。中には使えない本もありますので，もらって処分することもあります。社会関係の図鑑などは資料が古すぎると使えません。

⑶　興味のきっかけづくり

少しの練習でできるのは「読み聞かせ」です。絵本は全部読みますが，長い物語は，途中まで読んで「後は自分で読んでみましょう」とします。続きが読みたくなるところで止めるのがポイントです。

ブックトークは，きっかけづくりのためにある方法です。一つのテーマを決めて実施する従来のブックトークに本を集めるということをつけたせば，興味を持ったらすぐに読める読書の時間が構成できます。

第2章で多く使っているのが，クイズです。特に低学年はクイズが好きですから，楽しんで取り組みます。クイズはむずかしくしないで，本を見れば誰でも答えられるような内容，その場ですぐに答えられるものにしてください。

⑷　自分で読む

読み聞かせをしてもらったり，ブックトークを聞いて本に関心を持ったら，その気持ちが冷めないうちに本を読めるのがベストです。低学年の児童は，読み聞かせしてもらった本をもう一度読みたがりますから，できるだけその本を多く用意してください。

読む時間は低学年では15分，中学年では20分，高学年では25分から30分，全員が集中して読みます。中学年以上はページをめくる音だけが聞こえる静かな読書の雰囲気を作ってください。先生，司書もいっしょに本を読みます。

1年生は，2人で1冊読むようにしたほうが効果的です。2人で声をそろえて読んだり，読めるほうの子が読んで聞かせたりします。微笑ましい姿です。

(5) 進んで読む

(4)の「自分で読む」というところで授業時間の読書は終わります。次に、その中から借りて家で読んだり、休み時間に読んだりするようになれば大成功です。

テーマのある読書の時間を実施すると、必ずと言っていいほど、公共図書館でさがして借りる児童がいます。低学年は、おうちの人といっしょに行って借ります。購入してくれる家庭もあります。保護者の中には「子どもに本好きになってもらいたいので買ってやりたいが、どんな本がいいのかわからない」という方もいますから好評です。

「この前読んでもらった本、おじいちゃんが買ってくれたの」と話してくれる子もいました。おじいちゃん、おばあちゃんも孫のためになるならと喜んで買ってくださるのでしょう。

すぐに本を読むことに結びつかない子もいますが、記憶しておいて、しばらくたってから読むこともあります。書名を知っていて「いつか読んでみたい本」を心の中に持っているというのも一歩前進です。

さらに、テーマにした本の中から学級や学年の課題図書ということにして読むようにすすめると継続できます。家庭にも知らせてください。学級文庫にそろえると朝読書の時間にも読めますし、テストや作業学習が早く終わって提出した残りの時間に読むなど、少しの時間も有効に使えるようになります。すすんで読んでいる子は大いに誉めて、みんなが本に親しむ雰囲気をつくっていきます。

ある程度期間がたって、多くの子が読んだら、どの本のどこがよかったかなど話し合ったり、発表したり、カードに描いて掲示したりします。長く継続していくことが大切です。

「子どもと公共図書館に行っているうちに、私も、本を読むようになりました」と言ってくださる保護者がいました。

テーマ「宮沢賢治の本を読もう」（4年生）
2人で真剣に読んでいます

5　本当に力をつける調べ学習

　子どもたちに「調べましょう」と言うと,「インターネットを使っていいですか?」と聞いてきます。また,「図書室に行けばわかる」「司書の先生に聞けば調べたいことが出てる本をすぐに教えてくれる」と思っています。しかし,実際は情報の多すぎるインターネットで戸惑ったり,図書室に本がなかったりと,必ずしも調べられるとは限りません。段階を追った指導や準備が必要になります。

1　調べ方の理解

　各教科では,ますます「調べる」読書が盛んになってきました。物語のように最初から最後まで読むのではなく,必要に応じて選びとって大切なことをつかむという読み方が必要です。読み物だけではなく図鑑,各種辞典,百科事典,新聞,雑誌,パンフレット,インターネットなどを使わなければいけません。

　まず,どの調べ方も全員が経験するようにします。この本の第2章では,具体的な方法を紹介してあります。何も知らない子に国語辞典を渡しても使うことはできません。どのような順序なのか,どう調べるのかを学習してから実際に使っていきます。同様に図鑑,百科事典,新聞も見方を一度学習すると,上手に使うようになります。

2　調べる目的・調べる内容・まとめ

　学習のめあては何なのか,自分はどんなことを調べたいのか,調べたことは何に書いてどう発表するのかなど,全体の見通しを持たせます。図書室にはノートやワークシートを持っていき,調べたことを書くようにさせてください。資料は出典を明らかにし,写すだけではなく自分の考えを持てるところまで指導します。

　第2章では,ほとんどの時間にワークシートをつけています。子ども自身が,1時間の学習を確かめると同時に指導者が子ども一人一人の様子を把握し,次へつなげるためです。

3　学校司書との連携,資料の下調べ

　学校司書の悩みの一つが,前ぶれなく現れる調べ学習の集団です。突然ドヤドヤと図書室に入ってきて,口々に「○○の本ありますか?」と言います。図書室の資料には限りがありますし,何でもそろっているわけではありません。担任の先生は学校司書にあらかじめ伝えておきましょう。

　学校司書は相談,依頼されたら責任を持ってさがして1クラスが授業できるように準備してください。公共図書館や他の学校から借りたり,パンフレットや切りぬき情報,イン

ターネットなどの情報にもあたっておきます。その連携が，よい図書室の授業をつくります。

4　借りた本の管理

公共図書館や他の学校で借りた本を授業で使う場合は紛失しないように気をつけなければいけません。公共図書館のラベルがついた本は図書室の書架に返さないように，また家庭に持ち帰らないように言います。低学年は，めだつところにビニールテープをはって区別します。ビニールコーティングしてある本は少しの間でしたら，ビニールテープをはっても大丈夫です。写真のようにカゴに入れて，授業前と授業後に本がそろっているか確認することをおすすめします。学校司書が借りた本を，教室にしばらく貸す場合には，担任の先生に責任もって管理してもらいます。そのためには，書名がわかるように一覧をつくって渡します。本の背をまとめてコピーするのが早い方法です。

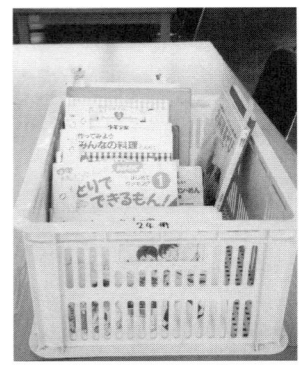
公共図書館の本

5　インターネット情報

各家庭にコンピュータが普及し，インターネットを使う生活は当たり前になってきています。しかし，本当に調べたい情報にたどりついているでしょうか？　「調べた」と言っても書いてある内容を読んで理解しているのでしょうか？　印刷したものをノートや発表用の紙にはって終わりにしているようなことはありませんか？　きめ細かな指導が必要になります。そのためにも，図書室にコンピュータを置いて，学校司書がアドバイスできるようにしたいものです。本で調べた方がいい内容とインターネットで調べた方がいい内容などその場で教えることもできます。

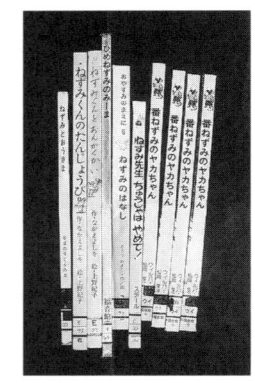
教室に貸すときのコピー

また，インターネットの情報は本と違って発信者がはっきりしないものはその信憑性が定かではありませんし，更新していなければ古い情報だということも教えなければいけません。

事前にホームページを選んでおいてその中で検索させる方法もあると，コンピュータ指導に長けた先生にうかがいました。学校司書や図書館司書教諭が，調べ学習用資料の一つとして集めておくのも有効です。

6　図書ボランティアの協力

　多くの学校で保護者による図書ボランティアが盛んになっています。学校側にとって大変ありがたいことですし，子どもたちのためになります。次のような活動例があります。
- 教室で，朝の時間や授業時間内で読み聞かせなどをする。
- クラス（学年）ごとにブックトークをする。
- 昼休みに，来たい子たちに向けて読み聞かせ会などをする。
- 読書まつりなどのイベントをする。
- 本の貸し出しを図書委員が来られない時間にする。
- 図書室が明るくなるように，布でコーナーの椅子カバーを手づくりしたり，掲示物をつくったりする。
- 図書室の整備や本の修理を手伝う。
- 本の点検を手伝う。
- 学習で使う切り抜きファイルをつくる。

　活動するにあたって次のようなことを考えてください。

1　学校司書がいない場合，専門家のアドバイスをもらう

　図書ボランティアをされている方から「図書室の本を4つに分けて，ラベルを色分けしようと思うがどうか？」というご質問がありました。聞いてもらってよかったです。本は基本的には10進分類法で10に分けています。学校によっては，教科別を用いている場合もありますが，継続していくためには，十進分類がおすすめです。独自の方法は，継続させるのがむずかしく，後の人の負担になる心配があります。

　活動するにあたって疑問があったら公共図書館に行って，司書さんに聞いてみてください。あるいは，長く学校司書をしている方も頼りになります。ボランティア内だけで決めず，アドバイスをもらいましょう。巻末の質問用紙もご活用ください。

2　クラスごとの読み聞かせ，ブックトークは学年の発達を考えて

　朝の時間や授業時間に何人かが教室に入って，ストーリーテリングや読み聞かせをするという方法が広まっています。担任の先生と相談しながら活動してください。読み聞かせについて書いてある本や今までにした人の例も参考になります。また，学校側もお任せにしないで，打ち合わせをしてから入ってもらいます。

3　昼休みに読み聞かせ会をするなら

　昼休み始まりの時刻は，クラス，学年によって多少ずれます。給食当番はかたづけをしますからすぐには来られません。最初は短めのものや本のクイズなどをして，ある程度集まったところで長めの物語にします。遠目にも見える絵本を選び，声は後ろまで届くようにはっきりと言ってください。図書室は貸し出しや読書をしていますので，違う部屋を使いましょう。絨毯敷きの○○ルームというような場所が向いています。

4　研修や情報交換を

　読み聞かせやブックトークに関する本を読んだり，よい資料があれば他の人たちに紹介してください。定期的に意見交換する場をつくります。さらに活動を進め，近隣の学校のボランティアと交流会をして，図書室の環境などを見学しあうこともあります。授業中は子どもが図書室を使えなくなるので時間帯や場所を考えてください。

　個人的にも，絵本や児童書をたくさん読んでください。家族で公共図書館に行く回数が増え，家で読み聞かせの練習をしていたら，我が子が本好きになったといううれしいお話を聞いたこともあります。

5　活動を広める工夫

　図書ボランティアは，子どもたちの読書環境をよくしていく使命があると考えてください。図書室を使いやすくし，保護者の方が子どもの読書に関心を持つように取り組んでいきます。今は家庭の読書環境は二極化しているという人もいます。読み聞かせを小さいころからしてもらい公共図書館に定期的に連れていってもらえる子と，そうではない子です。保護者の方に理解してもらえるようお便りを出してください。

6　ボランティアの心がけ

　人が集まれば，気を遣わなければいけないことも出てきます。特にまとめ役になった方は，みなさんが仲良く活動できるよう心配りをしてください。新しい人が入りやすいように，子どもが卒業したら終わりにして，4月は新入会員を募集して再スタートするのがいいようです。年度によってはメンバーの数に変動がありますが，それに応じて柔軟に活動を続けてください。活動は「楽しい」「やり甲斐がある」と感じられるまでに留めないと長続きしません。「『ボランティアがいるから学校司書はいらない』と行政側が間違った判断をすると困るので，やり過ぎないようにしている」というお話を，活動している方から聞きました。また，子ども一人一人のプライバシーを大切にし，近所などでの話題にすることがないよう心がけてください。とても大切なことです。

第1章 図書室の有効活用

絵本の読み聞かせ方

(1) 本をさがす

　　①学校の図書室　　②公共図書館　　③自宅の本など

　子どもたちが借りて読めるような本をできるだけ使います。どんな本がいいかは，参考になる資料がたくさんありますし，今までに経験している方に聞いてください。筆者が選んだ本（P 108）もありますので，読んでみください。ただし，読み手と聞き手の雰囲気などで多少違います。同じ本でもクラスによって反応が違います。何度かするうちに「カン」が身についてきます。

(2) 練習

① ゆっくりめに
② 後ろの子に届く声の大きさで
③ 間の取り方を考えて
④ 会話は自然に
⑤ 間違えても止まらないで

(3) 子どもたちに読む場づくり

　子どもたちが椅子に座っていたら，読み手は立って読む。じゅうたんや座布団に座っているときには椅子に座って読む。

＊**読む前の子どもとのやくそく**

　・読んでいる途中で移動しないで，決めた場所で絵をよく見て耳をすましてね。

(4) 読むとき

- 低学年には「もう知ってる」「読んだ」と言う子がいますが,「じゃ,もう一度聞いてね」「先は言わないでね」などと答えて読み始めてください。
- 読んでいる途中で説明や解説を入れないでください。注目してほしいところは指さして読みます。子どもから質問があったとき,すぐ答えられるものは言い,長く説明しなくてはいけないものは「後でね」と言って読み進めます。
- 「～て何?」という質問には答えられるものが多いです。「どうして?」というような質問は,後で説明します。

(5) 読み終わったら

- 絵本の表表紙と裏表紙を開いて同時に見せます。

絵がつながっています

- 次に表紙の絵,題名が見えるように立てます。

　本当に感動したときには,すぐに言葉にならないものです。「どうだった?」と感想を求めたり,書かせたりしないほうがいいです。授業で学習する場合は別です。

(6) さらに各自が自分で読めるように工夫する

- 読み聞かせした本が借りられるようにする。
- 同じ作者の本やシリーズを紹介する。
- 読む時間がとれるときには,公共図書館から借りて冊数をふやしておく。

＊(6)があると授業で「テーマのある読書の時間」を実施するのと同様に読む力がつきます。
＊図書委員(児童)や上級生が読みきかせをする学校もあります。

第2章
「テーマのある読書の時間」の実際

テーマ「夢に向かって」（6年生）
公共図書館で借りた本の中から選んでいます

読書の時間というのは，とても楽しいものですが，進め方を考えないと，中にはただ本をながめていて，選んでいるだけで終わってしまったり，どうかするとぶらぶらしておしゃべりしているだけで時間が過ぎてしまう子がいます。
　また，最近気がついたことなのですが，「当然読んでいる本，知っているお話」と思っていることを子どもたちは案外知らないのです。名作，伝記，昔話などがその例です。家庭で読ませてもらっていないのなら，学校で提供するしかありません。文化の伝承のためにも必要です。

ブックトーク・読み聞かせの効果と課題

　子どもたちに本のおもしろさ伝えるために，一つのテーマで集めた本を何冊か紹介するブックトークという方法があります。上手なブックトークを聞くとその本をとても読みたくなります。ブックトークを成功させるコツは，内容をよく読み込んで，その本の魅力を心をこめて聞き手に伝えることです。
　しかし，ブックトークの問題点は，紹介している人が子どもたちが後にその本を読むところまで見通しているかどうかということです。例えば，学校の図書室に1冊しかない本を5クラスに紹介したとします。読みたいと思っても多くの子が手にとることはできません。
　「公共図書館で借りましょう」という紹介も同様です。公共図書館でも同じ本が何冊もあるとは限りません。また，公共図書館がすぐ行けるところにあれば別ですが，子どもだけではなかなか行けない地域もあります。
　対策として，すでに何冊かある本を使ったり，クラスによってブックトークで扱う本を変えたりします。もちろん「いつか読んでみたいなあ」とその書名を意識するだけでも効果があったとは言えますが，低学年，中学年は「読みたい」と興味を持った本は，その気持ちがあるうちに読むのがベストです。保護者の方が公共図書館に連れて行ったり，書店で買ってあげる場合もあるので，おたよりなどで，紹介した本を家庭に知らせる工夫もしてください。
　ブックトークのもう一つの大変なことは，紹介する人が本をたくさん読んでいなければできないということです。魅力あるブックトークにするためには準備に時間を要します。これは多忙な先生には難題です。学校司書や経験を積んだボランティアの助けが必要になります。
　読み聞かせは，本に親しませる最も効果的な方法です。けれども長く続けてみて「確かに子どもたちは楽しんでいるが，自分から読むようになる子と読まない子に分かれてしまう」という問題に気がつきました。読み聞かせは本を楽しみ，読み手との心の交流も手伝

第2章 ●「テーマのある読書の時間」の実際

って豊かな感性を育むことができます。小学校低学年までは，たくさんしてあげなければいけません。けれども「自分から幅広い読書に挑戦していく」ということに結びつけるには，さらに手立てが必要だと考えるようになりました。

「テーマのある読書の時間」を

「子どもたちが楽しめて，読む力もついて，指導者が大変ではない方法」を模索するうちにできたのが「テーマのある読書の時間」です。指導者の準備が大変でなければ何回もできて，それだけ子どもたちが本に触れるチャンスが増します。詳しい手順は前章を読んでください。

実際にこの読書の時間を設定したクラスは，とても楽しんで，本が好きになっています。充実した表情で一生懸命に本を読んでいますし，先生方からも好評です。1年に何回かの設定でいいですから，取り組んでみてください。授業以外でも活用していただければと思います。

ワークシートの活用について

読んだことを自分で確かめるため，ほとんどの実践でワークシートを使うようにしました。指導者が全員の読みとり方や考えたことを知り，次の時間につなげるためにも使えます。掲示してお互いに参考にすることもできます。

低学年で気をつけていただきたいのは，ワークシートを配るタイミングです。本を読む前から配られると，読むよりも書くことに気持ちが行ってしまいがちです。集中して読む時間を確保するために，ある程度読んだころを見はからって配ってください。ワークシートは使いやすい大きさに拡大して印刷してください。

＊実践例は学年別にしていますが一応の目安です。他の学年でも使えるようワークシートに学年は入れていません。今ある本を有効に活用するために，図書室にはあっても，現在売られてない本も入っています。

＊第2章で紹介した本の著作者名，出版社名等は，113〜116頁の「掲出図書一覧」に記載してあります。

1年生① みんなで言ってみよう！

■子どもが参加できる読み聞かせ

設定理由 　小学校1年生は，読み聞かせが大好きです。ただ聞いているだけではなく，参加できたら，もっと楽しくなります。また，繰り返しが好きですから，何度も同じ言葉が出てくると，盛り上がります。いつもとちょっと違う読み聞かせをするときや，お話会の間に入れたりしてみてください。おそらく，繰り返しが出てくる絵本なら，声をそろえて言うことができると思います。試してみてください。

時　間 　各3分〜5分。
　一度に以下で紹介する5冊を読むのではなく，他のものと組み合わせてください。

めあて
・本の楽しさを味わう。
・声をそろえることで，みんなで読む楽しさを感じる。
・長い物語を聞いた後などに，リラックスする。

準　備
・『ブタヤマさんたらブタヤマさん』（文研出版）
・『よかったね　ネッドくん』（偕成社）
・『おおきなかぶ』できれば，大型絵本で（福音館書店）
・『やさいのおなか』（福音館書店）
・『しっぽのはたらき』（福音館書店）

それぞれの読み方・始め方

● 『ブタヤマさんたらブタヤマさん』

「ブタヤマさんたらブタヤマさん
　うしろをみてよ　ブタヤマさん」
の部分をみんなで言う。
呼びかける調子で自然に声がそろってくる。

第2章 ● 「テーマのある読書の時間」の実際

● 『よかったね　ネッドくん』

言葉かけの例：「カラーのページを読んだ後，みんなで『よかったね』と気持ちをこめて言いましょう。練習です」
(初めのカラーのページを開いて声をそろえて)「よかったね」
「白黒のページを読んだ後，みんなで『たいへんだあ』と言いましょう。練習です」
(初めの白黒のページを開き声をそろえて)「たいへんだあ」
「では，読みます。私が読んだ後，一緒に言ってください」

● 『おおきなかぶ』

「うんとこしょ，どっこいしょ」を一緒に声をそろえて言う。教科書にあったり，幼稚園や保育園でも親しんできている絵本なので，大型絵本があれば用意すると，とても喜ぶ。

● 『やさいのおなか』

「ちょっと一息」というときに使うと効果的。書いてあるとおり「これなあに？」と聞いて，答えを口々に言わせる。挙手しないでその場で言っていいことにするが，怒鳴らないように注意する。答えが出てこないときには，「カレーに入っていて，嫌いな人よくいますね」(にんじん)「サラダによく入っています」(きゅうり)など，ヒントを出すと盛り上がる。6年生まで楽しめる。

● 『しっぽのはたらき』

読みながら「これなんのしっぽ？」で止まって，答えが出てくるのを待つ。
答えの絵が出たら，書いてないが「正解でした」と言うと楽しめる。

1年生② いろっておもしろいね

■ひと工夫した読み聞かせ

設定理由　小学校1年生は，学校司書や保護者，地域のボランティア，また担任に読み聞かせをしてもらう機会が多いです。ここでは，いつもの読み聞かせをちょっと工夫してみました。青と黄色を混ぜると緑になるということをまだ知らない時期におすすめです。

　『あおくんときいろちゃん』（至光社）では，「とうとうみどりになりました」で，「ええっ！」という声があがります。さらに，それを実際に画用紙の上でやってみせて驚き，自分でやってみて驚き，十分に楽しめて印象に残ります。

　この次の読み聞かせでは『スイミー』（好学社）を読んでください。同じ作者です。赤い魚たちの中で1匹だけの黒い魚が活躍する物語で，「色」が重要な意味を持っています。

授業以外での活用
- 『あおくんときいろちゃん』の読み聞かせの後，次ページの方法を使って絵の具で色を混ぜて見せる。
- 次の読み聞かせのときに『スイミー』を読む。

時間　クレヨン，色鉛筆なら40分。水彩絵の具を使ったら45分＋休み時間。

めあて
- 絵本の読み聞かせを集中して静かに聞き，おもしろさを味わう。
- 色を混ぜると違う色になることを知り，実際に混色してお話の絵をかく。

準備
- 『あおくんときいろちゃん』を用意して，読み聞かせの練習。
- 全員分の画用紙（八つ切り），筆2本，パレット，水入れ（小瓶など），掲示用の画用紙，画用紙を黒板にはるマグネット磁石。
- 各児童はクレヨン・色鉛筆か水彩絵の具の用意。

BOOK　『あおくんときいろちゃん』（至光社）

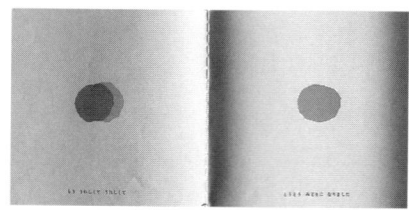

もう うれしくて うれしくて とうとうみどりになりました

第2章 ●「テーマのある読書の時間」の実際

活動例 クレヨン・色鉛筆を使って（40分）

時　間	児　童　の　活　動	支　援　・　留　意　点
8分	1　『あおくんときいろちゃん』の読み聞かせを聞く。	1　絵が全員に見えるように，前に集めて読む。ややゆっくりめに，はっきりと読む。「レオ・レオーニ」と作者の名前も言う。
3分	2　実際に絵の具の青と黄色を混ぜると緑になることを見る。	2　黒板に白の画用紙をはって，目の前で色を混ぜると変わることを見せる。
20分	3　各自で，画用紙にあおくんときいろちゃんを描いて，緑を作って塗る。他の色の友だちや遊具を描いたりして楽しむ。	3　1人1枚ずつ画用紙を配り，色を塗らせる。色を混ぜるのは2色までと，言っておく。あおくんときいろちゃんが小さくなりすぎないように言う。（「10円玉ぐらい」と言うとよい）
5分	4　できあがったら，提出して友だちが描いた作品を見る。	4　黒板にはって，一人一人をほめる。
4分	5　後かたづけをする。	5　クレヨン，色鉛筆をしまわせる。

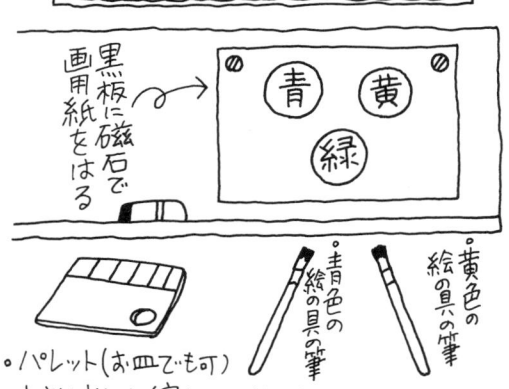

① 青い絵の具のついた筆で青いまるを描き「あおくんです」と言う。

② 黄色い絵の具のついた筆で黄色いまるを描き「きいろくんです」と言う。

③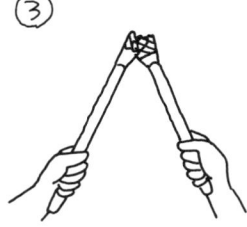
目の前で筆と筆をつけて，緑にして，2本いっしょに画用紙に緑のまるを描く。
または見えるところでまぜて緑にしてから描く。

1年生③ たのしいねずみの本をよんでみよう

■自分で読めるように

設定理由　絵本の棚をよく見ると，ねずみが主人公の本が多くありませんか？ 「ねずみくんの絵本」のシリーズや「14ひきのシリーズ」などセットで買ったものは冊数がそろっています。上記2シリーズは，文字も少なく，入門期の読書にぴったりです。1年生は2人組みにすると，読める方の子がリードしたり，交代で読んだり，声をそろえて読んだりします。次に一人で読もうとするように自然になります。

　本を渡す前にページの正しいめくり方を教えてください。知らないと，しわや折り目をつけたり，紙を切ってしまったりします。第3章「ページのめくりかた」（P 88）を参考にしてください。丁寧に指導する場合は，印刷して一人一人に配って読ませてください。

授業以外の活用
- 「ねずみくんの絵本」のシリーズはどれも読み聞かせに向いている。絵が見えるように子どもたちを集める。
- 「14ひきのシリーズ」は，絵の細かいところが楽しいので，一人か二人に読み聞かせるのに向いている。

時　間　30分。

めあて
- 読み聞かせをよく聞く。
- 正しいページのめくり方を練習する。
- 2人組みで交代に読んだり，声をそろえて読んだりする。

準　備
- 「ねずみくんの絵本シリーズ」（ポプラ社）または，「14ひきのシリーズ」（童心社）を注文しておく。
- 図書室にねずみが出てくる本が何冊あるか確認して，足りない分は公共図書館から借りて2人に1冊以上の冊数を確保する。
- 『ねずみくんのチョッキ』『りんごがたべたいねずみくん』（共にポプラ社）を読む練習をする。
- 『番ねずみのヤカちゃん』（福音館書店）は少し長い物語が読める子に向いている。

BOOK

第 2 章 ●「テーマのある読書の時間」の実際

> 活動例

時　間	児　童　の　活　動	支　援　・　留　意　点
5分	1　『ねずみくんのチョッキ』を聞く。	1　『ねずみくんのチョッキ』を読み聞かせする。文字が少なく，絵で表現しているので，よく見えるように児童を前に集めたり，絵を少し長く見せたり工夫する。
5分	2　もう1冊の読み聞かせを聞く。	2　『りんごがたべたいねずみくん』を読み聞かせする。または，他のねずみが出てくる本の読み聞かせや紹介でもよい。
15分	3　本を扱う注意を聞いて，読みたい本を決めて借りる。 ・2人で1冊を仲良く読む。交代で読んだり，声をそろえて読んだり工夫する。	3　「ねずみくんの絵本」「14ひきのシリーズ」「番ねずみのヤカちゃん」など，ねずみが出てくる本を広げて並べて紹介する。 ・ページのめくり方を実際に見せて，よい方法を覚えさせる。 ・2人組みのどちらかが本を借りに来て本の取り合いをしないように注意しておく。 ・正しいページのめくり方をしているか見て個別に指導する。仲良く読んでいる子たちをほめる。
5分	4　読み終わった本はあったところに丁寧にもどす。	4　本があったところに丁寧にもどすようにさせる。

> ヒント
> ・上手に読める子がいたら前で読んでもらう。その際，同じ本を2冊用意して1冊の絵を指導者が全員に見せて，1冊を持って読ませるとよい。
> ・1週間ほど，本を教室に借りておいていつでも読めるようにしておく。

1年生④ あきのむしをしらべよう

■くわしく読めるように

設定理由　1年生も秋になると，ずいぶん文字が読めるようになってきますが，まだ，絵や写真だけを見ている子もいるので，文字を読んで内容をつかむという読み方をさせて，調べ学習の基本を養っていきたいものです。

　ただ「調べて書きましょう」と言うだけでは，どうしたらいいかわからない子も多いので，1冊の本（ここでは『162ひきのカマキリたち』）を読み聞かせて「わかったこと」を発表してもらいます。その中から1つを例にワークシート（P 89）の書き方を説明します。ただ楽しむだけではなく，書くという作業を入れて，読んだ内容を整理します。

授業以外での活用
- 『162ひきのカマキリたち』（福音館書店）は秋の読み聞かせに向いている。もう1冊読むなら『むしたちのうんどうかい』（童心社）。

時　間
45分。

めあて
- 『162ひきのカマキリたち』を読んでもらって，カマキリなどの虫に関心を持つ。
- ワークシートの書き方を理解する。
- 秋の虫について書いてある本や図鑑をよく読んで，わかったことを書く。

準　備
- 秋の虫が出ている本を公共図書館等で調べて購入しておく。昆虫図鑑はカタカナがよく読めない子も多い時期なのでややむずかしい。絵の本が読みやすい。
- 図書室に何冊あるか確かめ，不足分は公共図書館から借りてくる。2人に1冊ぐらいはあるようにする。
- ワークシート（P 89，上）を1人3枚分印刷しておく。

第2章 ●「テーマのある読書の時間」の実際

> 活動例

時　間	児　童　の　活　動	支　援・留　意　点
3分	1　この時間のめあてを知る。	1　最近見つけた虫を聞き，秋の虫について調べる意欲づけをする。「虫の秘密を見つけよう」や「虫博士になろう」という言葉が楽しい雰囲気をつくる。
5分	2　読み聞かせを聞いて，どんなことがわかったか発表する。	2　『162ひきのかまきりたち』を読み聞かせる。ときどき立ち止まり，書いてあることを説明したり，絵に注目させたりする。
10分	3　読み聞かせからわかったことを発表し，ワークシートに書く。	3　「本からわかったことを書く」というのは，どういうことか，例をもとに覚えるようにさせる。
3分	4　本の紹介を聞き，読みたい本を決める。	4　・どんな本があるか簡単に紹介する。 ・文字が読める子とまだむずかしい子がいるので，2人組みでいっしょに読むようにさせる。
20分	5　読んでわかったことをワークシートに記入する。できたら，もう1枚ワークシートをもらって，次の本を読む。	5　「1冊のうちからわかったことを1つは書きましょう」「丁寧に書きましょう」と注意しないとページをめくって見て，よく読まずに雑に書いて本を交換してしまいがちである。
4分	6　友だちが調べたことを聞く。	6　何人かのワークシートを読み上げて広める。

> ヒント

・丁寧にするのであれば，ワークシートに書く練習を1時間とる。
・しばらく教室に虫の本を置いておき，自由に読めるようにしておく。

1年生⑤ たのしい本のみつけかた

■書架の本をさがす手がかり

設定理由 　図書室で子どもたちに「おもしろい本はどれ？」「おすすめの本は？」と聞かれます。司書がいれば答えられますが，いないときに子どもたちはどうやって本を見つけるのでしょうか？　絵本は表紙を見ればその絵を手がかりに見つけられます。

　しかし，本棚に並んで入っている本の中からはどれを選べばいいのでしょう？　そこで，選ぶ手立ての一つとして，作者を意識する方法に目を向けさせようと考えました。今までに読んでよかった本と同じ作者の本を読んでみるということです。1年生は，作者をほとんど意識していないので，背の下のほうに書いてある名前は見ていません。カタカナを勉強し終わったら（外国の作家が多いので）そこを見ることをアドバイスしてください。

　次頁の活動例では，よく知られている『ひとまねこざる』『はらぺこあおむし』『ばばばあちゃんのやきいもたいかい』を使いました。

時　間　45分。

めあて
- クイズに答えながら「かいた人」を意識する。
- 今までに読んだ本の作者名を手がかりに次の本を選ぶということを知る。

準　備
- 選んだの作者の本を合わせた冊数が，人数の半分以上の冊数になるように，公共図書館から借りておく。（2人で1冊読むので）
- 作者の名前をあてるカードを書いておく。
- 黒板やホワイトボードにはるマグネット。できれば，はさめるタイプ。

BOOK

- 図書室にある本で，1年生が親しんでいる本の作者3人を決めて，2冊ずつそろえる。
- 『ひとまねこざる』（岩波書店）
- 『はらぺこあおむし』（偕成社）
- 『ばばばあちゃんのやきいもたいかい』（福音館書店）
- 『どうながのプレッツェル』（福音館書店）
- 『パパ，お月さまとって！』（偕成社）
- 『おりょうりとうさん』（フレーベル館）

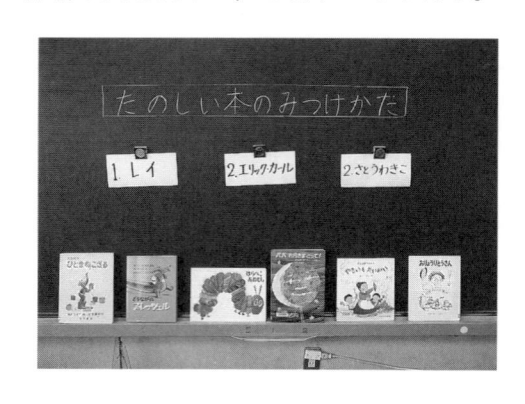

第2章 ●「テーマのある読書の時間」の実際

> 活動例

時　間	児　童　の　活　動	支　援　・　留　意　点
2分	1　この時間のめあてを知る。	1　「クイズに答えながら，たのしい本の見つけ方を考えましょう」
5分	2　クイズに答えながら，作者は何という名前なのか予想する。3人の作者の名前を覚える。	2　『ひとまねこざる』の書名を隠して「この本の題名は？」と聞くと，たいてい答えが出る。「この本をかいた人は？」と聞くと，答えは出ないのでカードを出す。「1番レイ，2番ロイ，3番ポイ。どれでしょう？」挙手で答えさせる。同様に，『はらぺこあおむし』『ばばばあちゃん』（シリーズの1冊）のクイズをする。
3分	3　『どうながのプレッツェル』の表紙をよく見て「レイ」と書いてあるのを見つける。	3　『どうながのプレッツェル』の表紙を見せて「この本はおもしろそうだなって，すぐにわかったの。どうしてだと思う？」と聞く。「かいた人がレイだから」という答えが出るのを待つ。同様に，エリック・カールの『パパ，お月さまとって！』やさとうわきこの『おりょうりとうさん』を見せる。本の背の作者名も見せる。
6分	4　読み聞かせを聞く。	4　『どうながのプレッツェル』の読み聞かせをする。
24分	5　2人で1冊読む。読み終わったら，次の本を読む。	5　読む時間をとる。
5分	6　本を片づけてまとめの話を聞く。	6　本を片づけるのを見届けてから，「他にも楽しい本をかいている人をみつけましょう」と締めくくる。

2年生① ぜんぶ1人で読むよ

■1冊の本を読み通す

設定理由　小学校2年生になると，文章をずいぶんすらすら読めるようになります。図書室に行って本を選ぶのも上手になります。しかし，よく一人一人を見てください。少し読むと本を取り替えに行ったり，友だちの読んでいる図鑑を覗き込んだりして過ごしている子はいませんか？

　読んでもらうのはいいけれど，1人で読むのは苦手という子に，自分の力で最後まで読んでもらいたいと思いました。それには，「読みたい」と思う本が必要です。本の楽しさを知り，自分で読めるようになるステップとなる読書の時間を考えました。

授業以外の活用例　ここで紹介している本の読み聞かせをする。『おさるはおさる』は人気が出る。

時　間　45分。

めあて
・自分1人で，最後まで全部読む。
・自分で選んだり，読んだりする楽しさを味わう。

準　備
・『おさるはおさる』『おさるのおうさま』『おさるになるひ』『おさるのまいにち』『おさるがおよぐ』（講談社），『ペンギンパトロールたい』（講談社）など，できれば人数分。
・文字が大きくて，1ページに書いてある文章が少ない本（絵本ではなく）。

BOOK　『おさる』のシリーズは，1冊読むとおもしろいので，他の本も読みたくなる。何冊も読むことで，目が文字に慣れてくる。

第 2 章 ●「テーマのある読書の時間」の実際

活動例

時　間	児　童　の　活　動	支　援　・　留　意　点
10分	1　絵が見える位置に集まって，読み聞かせを聞く。	1　「きょうは，とってもおもしろい本を読みます」と言ってから，『おさるはおさる』を読み聞かせする。
5分	2　紹介された本を見る。	2　他の「おさる」や「ペンギン」の本を簡単に紹介する。他にも文字が大きくて読みやすい本を紹介する。
3分	3　読みたい本を決める。	3　「1人，1冊読みましょう。読み終わるまで，交換しないように」と約束を決める。 　どの本を選ぶか迷う子もいるので，「どれも，おもしろい本」と言う。 　同じ本を選んだときにはジャンケンをして，順番を決めておく。2人で1冊一緒に読むというのはしない。
22分	4　静かに黙って読む。 　　声に出して読まない。 　　読み終わったら，友だちの邪魔をしないように静かに交換する。	4　静かに読めるようにさせる。教師，司書も他のことをしないで，静かに読むと，全体が集中できる。
5分	5　おもしろかった本に手を挙げて発表する。	5　人気のある本がわかると続けて読みたくなるので，どれがよかったか聞く。
	6　手続きをして本を借りる。	6　図書室の本を貸し出す。希望者が多い本は，順番を決めて予約票（P 107）に書く。

ヒント　「紹介した本」というプリントを配り，これから読む参考にさせてもよい。家庭に持って帰ると，公共図書館で保護者と借りる子もいる。

2年生② 日本のむかしばなしを読もう

■昔話に親しむ

設定理由　「むかしむかし……」で始まる昔話が子どもたちは大好きです。題名は知っていても内容はよくわからないものも多いですし，同じ題名でも本によって多少違うのもおもしろいところです。また，長く語り継がれてきたお話には，生きていくための教訓も含まれていて，小さいときに親しんでほしいと思います。

　ただ，昔話の絵本は，色や絵が地味で（大人にとっては味わい深いのですが），進んで手にとることが少ないようです。そこで，このようなテーマで，じっくり読んでもらいたいと考えました。

授業以外の活用　・昔話は，読み聞かせに向いている。絵がよく見える本を選ぶ。

時　間　45分。

ねらい
・昔話のおもしろさに気づき，読みたいという気持ちを持つ。
・図書室の中で昔話を見つけて，読む。
・一人で静かに最後まで読む。

準　備
・図書室にある昔話の絵本の冊数を調べる。人数分ない場合は，公共図書館から借りてくる。図書室の本と混ざらないように分けて置く。
・ワークシート（P89，下）を印刷しておく。
・図書室にある本の中から昔話のクイズを5題考えて書いておく。
　例）『かぐや姫』（講談社）　　　　『したきりすずめ』（フレーベル館）
　　　『いっすんぼうし』（福音館書店）　『ばけものでら』（教育画劇）
　　　『さんまいのおふだ』（福音館書店）

　クイズの例）袋の中に1冊ずつ本を入れておく。
　　　「この袋に入っている昔話の題名をあててください」
　　　「第1ヒントは，お月さま」
　　　子どもたちが口々に答える。正解が出なかったら
　　　「第2ヒントは，竹です」
　　　正解が出たら，袋から本を出して見せる。

第 2 章 ●「テーマのある読書の時間」の実際

活動例

時　間	児　童　の　活　動	支　援　・　留　意　点
5分	1　昔話のクイズの答えを楽しみながら考える。	1　昔話のクイズをする。 　例）したきりすずめ，かぐや姫 　　　いっすんぼうし，ばけものでら 　　　さんまいのおふだ 　正解を言うときに，その絵本も見せるとわかりやすい。
7分	2　読み聞かせを聞く。	2　クイズを出した本の中から1冊，読み聞かせをする。答えがなかなか出なかった本を読むようにする。
3分	3　本によって内容が違うことに目を向ける。比べて読むとおもしろいということに気づく。	3　同じ題名の本でも結末が違ったりすることを見せる。 　例）したきりすずめ
20分	4　1人1冊ずつ静かに読む。 　　読み終わったら交換する。	4　各自で昔話を読む時間にする。
5分	5　読んだ本とその本がおもしろかったかどうか◎，○，△を書く。	5　ワークシートを配る。ここでは感想というより，簡単な記録というようにした。
5分	6　借りたい本を決めて，手続きをする。	6　本の貸し出しをする。

ヒント
- この後，図書室に「むかしばなしコーナー」をつくっておく。
- しばらく学級に昔話絵本をまとめて借りておき，時間があるときに読むようにしてもよい。
- 今度は，子どもがクイズをつくるのも楽しく盛り上がる。

2年生③ しおりをつかってエルマーとぼうけん

■少し長い本を読み通す

設定理由　『エルマーのぼうけん』は，いつの時代も子どもの心をつかむロングセラーです。2年生は，1回で読み終わる絵本から，何日かかけて読む本へ移行する時期です。「しおり」を使って，少しずつ毎日読んでいくことを教えてください。

『エルマーのぼうけん』はその練習にもぴったりです。ハードカバーの『エルマーのぼうけん』はひものしおりがついていますが，紙でつくったしおりを使うのも楽しみです。

はじめに「どうぶつ島」の地図とエルマーが持っていった物が何に役だったかをみんなで考えます。多くの子がこの物語にどこかで接しているので，思い出しながら答えます。2年生ぐらいまでは，よく知っている本をもう一度借りる傾向があります。ここで，ある程度あらすじを知っていたほうが読書意欲が出てきます。

授業以外の活用　・活動例の前半のクイズ（1と3）をして，本の紹介をする。

時　間　45分。

めあて
- 『エルマーのぼうけん』に関心を持つ。
- 長い物語に挑戦する意欲を持ち，最後まで読み終えるようにする。

準　備
- 図書室で『エルマーのぼうけん』『エルマーとりゅう』『エルマーと16ぴきのりゅう』（福音館書店）が何冊あるか数え，足りない分は公共図書館などで借りてくる。
- この本は家庭でもよく買うので，寄贈をよびかけておくと集まる。また，家庭から持ってくる子もいる。
- エルマーが持って行った道具を板目表紙でつくったものと，地図。

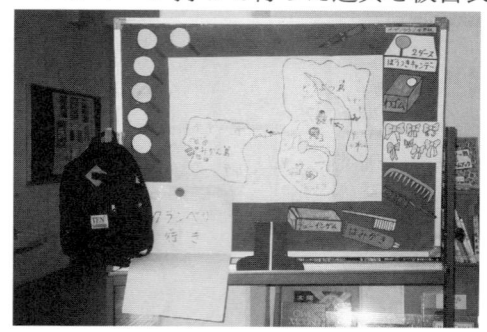

第2章 ●「テーマのある読書の時間」の実際

> 活動例

時　間	児　童　の　活　動	支　援　・　留　意　点
2分	1　どうぶつ島の地図が『エルマーのぼうけん』のものだとあてる。	1　どうぶつ島の地図をはり，書名をあてさせる。出なかったらすぐに答えを言う。
5分	2　読み聞かせを聞き，関心を持つ。	2　『エルマーのぼうけん』の最初の部分を読み，エルマーがりゅうを助けに行く理由をとらえさせる。
8分	3　どの動物に対してどの道具が役だったか考えて答える。	3　エルマーが持っていったものを厚紙でつくり，リュックに入れておき，それを取り出しながら，どの動物に対して使ったのかを考えさせる。
3分	4　他の本の紹介を聞く。	4　『エルマーのぼうけん』に続く2冊の本の内容を簡単に紹介する。
22分	5　3冊の中から本を選んで読む。しおりを使って終わるようにさせる。	5　しおりの使い方（下図参照）を説明してから，各自で読む時間にする。
5分	6　借りる手続きをする。	6　学校の本を貸し出しする。本が足りない場合は，借りる順を決めておき，予約表（P 107）に書いておく。

> ヒント

・右は，同じ本を何冊か重ねて置いておくときに使うしおり。決めた場所に集めておくときに便利で好評だった。

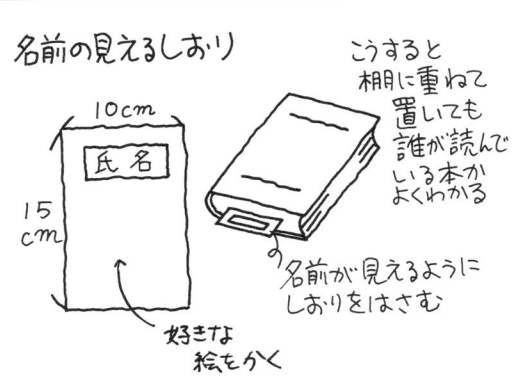

名前の見えるしおり

10cm / 15cm / 氏名 / 好きな絵をかく

こうすると棚に重ねて置いても誰が読んでいる本かよくわかる

名前が見えるようにしおりをはさむ

2年生④ なぞなぞだすよ

■正確に読めるように

設定理由 　子どもたちは，なぞなぞが大好きです。2年生になって文字はよく読めるようになってきていますが，初めて見る文章を相手にわかりやすく読んで聞かせるのはむずかしいようです。なぞなぞは，きちんと読まないと，相手に出題していることが伝わりません。楽しみながら，いろいろな文章を読んでいくことができます。

授業以外の活用
- 読み聞かせの前や，間になぞなぞを出すときにも使える。
- 『なぞなぞのすきな女の子』は，おおかみとのかけ合いがおもしろいのでペープサートにも向く。

　　　　　＊ペープサートとは紙に絵を描いて棒をつけた人形劇（下の写真右）

時　間　45分。

めあて
- なぞなぞの本を楽しく読む。
- 読んだなぞなぞの本から，友だちに出題する。
- 最後に紹介された「なぞなぞ」が出てくる本に関心を持つ。

準　備
- なぞなぞが出ている本を人数分。例）『エパミナンダス』（東京子ども図書館），『なぞなぞえほん』1－3のまき（福音館書店），『なぞなぞあそびうた』（のら書店），『なぞなぞ100このほん』（福音館書店），『なぞなぞライオン』（理論社），『なぞなぞのすきな女の子』（学習研究社）など。

BOOK

ペープサートの例

第 2 章 ●「テーマのある読書の時間」の実際

活動例

時　間	児　童　の　活　動	支　援・留　意　点
5分	1　なぞなぞの答えを考える。	1　『エパミナンダス』の本の中からなぞなぞを出題する。ゆっくり読んで、答えが出るのを待つ。わからないときは、動作などでヒントを出す。
5分	2　なぞなぞの本にはどんなものがあるか知る。	2　なぞなぞの本の表紙を見せて紹介する。「どれも、とてもおもしろいです」と、強調して、内容には触れない方が本の取り合いにはならない。
10分	3　手にとったなぞなぞの本を読む。交換してもよい。	3　「読みたい本を決めて読んでみましょう。合図があるまでは、自分で読む時間です」と、まず自分で読んでみることを言っておく。
15分	4　友だちに問題を出したり、答えたりする。	4　「これからは、なぞなぞ問題タイムです。お友だちになぞなぞを出してみましょう。ペアを作って1題ずつ出したら、次の人のところへ行きましょう」と言う。
5分	5　なぞなぞが出てくる物語の紹介を聞く。	5　『なぞなぞライオン』と『なぞなぞのすきな女の子』を紹介する。
5分	6　手続きをして借りる。	6　本の貸し出しをする。

ヒント
- 『なぞなぞライオン』と『なぞなぞのすきな女の子』は、別の時間に丁寧に紹介してもよい。

2年生⑤ たんぽぽの本を読もう

■楽しく調べる

設定理由　読書の時間に自由に本を選ばせていると，植物に関する本はあまり手にとられません。「知識の絵本」というようにコーナーを設定している図書館もあります。このタイプの本は，読み聞かせをしたり課題を出したりして読ませたいものです。

　たんぽぽは身近にあり，誰もが知っていることもあり親しみやすい花です。しかし，本を読むことで見方も変わってくるでしょう。たんぽぽだけではなく，植物の絵本や図鑑に親しむ機会にしてください。最後に画用紙にわかりやすく１人１題クイズを書いて，楽しみながら知識をふやします。

授業以外の活用
- たんぽぽ手袋人形は，１，２年生が喜ぶ。
- 『たんぽぽ』（福音館書店）のような，物語以外の絵本も読み聞かせに向いている。

時　間　45分。

ねらい
- ○×クイズをつくりながら，たんぽぽについて楽しく調べる。
- たんぽぽだけではなく，植物に関する本を読んで，知識をふやす。

準　備
- 図書室に，たんぽぽの本や植物に関する本で２年生が読める本が何冊あるか確かめ，足りない分は公共図書館から借りておく。
  例）『タンポポ』えほん・フォトかみしばい⑥（あかね書房）
- 図書室にある絵本の中で，たんぽぽに関するクイズを３問つくる。
  例）「たんぽぽの根はどんな形でしょう？」というクイズの場合は，予想の絵を描いておく。
- クイズ出題用紙（P90，上）を人数分（掲示するなら，画用紙などに印刷）。

BOOK

第2章 「テーマのある読書の時間」の実際

活動例

時　間	児　童　の　活　動	支　援　・　留　意　点
3分	1　たんぽぽの手袋人形を見る。	1　たんぽぽの手袋人形を演じて、楽しい雰囲気をつくる。
		2　「たんぽぽ○×クイズをします」と言って始める。
5分	2　クイズに答える。	出題例）①「たんぽぽの綿毛にはタネがついています」 ②「たんぽぽの根はこうです」とひげ根の絵を示す。 ③「たんぽぽには、白もあります」 最後に全問正解者を聞く。
5分	3　○×クイズの作り方を知る。	3　出題に使った本を例に○×クイズの作り方を説明する。
17分	4　読みたい本を決めて読む。	4　1人1題○×クイズをつくることを言って読む時間をとる。早く配ると本を読まないで書いてしまうので、用紙は書く直前に配る。
10分	5　読みやすく書き、できれば絵を描いて色をぬる。	5　読んだ本の中からクイズを書く。
5分	6　後かたづけをして本を借りる。	6　用紙を集めて、本を貸し出す。

ヒント
- クイズは掲示するか、朝の会などで何人かずつ出題する。
- しばらく、「たんぽぽ」や植物の本を学級文庫に置いておく。

＊手袋人形は、尾松純子さんが主宰する「おはなし夢夢」で購入できます。
　　TEL　03（3900）4506　　FAX　03（3907）6325

3年生① だれかにそっくりの王さま

■多読で読む力をつける

設定理由 　寺村輝夫さんの作品は、子どもの心をよくとらえています。テーマのある読書の時間を構成するにあたり、一番の問題は課題とする本を人数分そろえることです。王さまのシリーズは人気があってたくさん出ているのでセットがあれば、すぐに活用できます。

　下の方法は、シリーズがたくさん出ていて子どもに人気のある本ならできます。中学年は、多読することで文字に目が慣れて、読むスピードが速くなります。同時に理解する力をつけていきます。関心を持てない本を無理に強要するのではなく、「読みたい」と思う本をどんどん読ませましょう。次のようなステップですすめてみてください。

シリーズの1冊を読み聞かせする	➡	本を人数分そろえて各自で読む時間をとる。	➡	おもしろさがわかり、自分から読みたくなる。

授業以外の活用 ・『おしゃべりなたまごやき』(福音館書店)の読み聞かせと「寺村輝夫・王さまの本」シリーズ(理論社)の紹介。

時　間 　45分。

ねらい
・『おしゃべりなたまごやき』の読み聞かせで楽しさを味わう。
・他の王さまの本を読んでみたいという意欲を持ち、読んでみる。
・図書室の本の分類のしかたを覚える。

準　備
・『おしゃべりなたまごやき』を用意して読む練習をする。あるいは、王さまシリーズのどれかを選んで読んでおく。
　例)『王さまかいぞくせん』(理論社)
・王さまシリーズの本を人数分用意する。足りない場合は、公共図書館から借りておく。

BOOK

第2章 ●「テーマのある読書の時間」の実際

活動例

時　間	児　童　の　活　動	支　援　・　留　意　点
3分	1　「王さま」に興味を持つ。 　　知っていれば，「たまごが好き」「勉強がきらい」などと答える。	1　「ここに出てくる王さま知ってる？」と問いかける。一度でも読んでもらったり，読んだことのある子がいればよく答えるし，読んでなければ，予想するのも，おもしろい。 　　「この本の王さまにはね，誰が読んでも『あ，ちょっと自分に似てる』って思うところがあるの。さがしてね」と，読み聞かせの前に言っておく。
7分	2　読み聞かせを聞く。	2　『おしゃべりなたまごやき』を読み聞かせする。または，『ぼくは王さま』の第一話を読み聞かせする。
5分	3　図書室の分類の方法を知る。	3　『王さまの本』シリーズの作者名が寺村輝夫なので図書室の9類の「て」に本があることを確認する。 　　図書室内で「この本のシリーズがあるところは？」と聞いて全員で指さすようにさせるとはっきり確認できる。
25分	4　王さまの本を選んで読む。	4　「王さまの本」シリーズから1冊読むように課題を出す。
5分	5　本を借りる。	5　貸し出し手続きをする。本が足りない場合は，順番を決めておく。

ヒント
・図書室の本が十進分類法で分かれていることや，文学は著者名順であることを確かめるのなら他の例も出して，みんなで考えてみる。

3年生② 図鑑っておもしろいね

■図鑑の使い方を覚える

設定理由　3年生になると，子どもたちはますます活発になり，たくさんのことを覚えはじめます。この時期に図鑑はぴったりです。

児童の中には物語が好きで図鑑は必要なときだけ調べるという子もいます。逆に，文章を読むより，図鑑の絵を見るほうがいいという子もいます。どちらのタイプの子も，この時間は図鑑をたっぷり楽しみ，また，書いてある説明もよく読むように課題を投げかけます。

授業以外の活用
- 読み聞かせした内容とつながる図鑑を紹介する。
  例）『とべバッタ』（偕成社）を読んだ後に，バッタが出ている図鑑を紹介。

時間　45分。

めあて
- 目次と索引の使い方を覚える。
- 関心のある図鑑を選んでじっくり読む。
- 気に入ったページをみんなに紹介する。

準備
- 学校の図書室に，どんな図鑑が何冊あるか調べておく。
- 公共図書館から，なるべく学校にはない図鑑を借りて，人数分より少し多い冊数をそろえる。図鑑はふりがなのあるものを選ぶ。
- ワークシート（P 90，下）を人数分，印刷する。

BOOK
- 『のりもの運転席ずかん』（小峰書店）
- 『マンモス探検図鑑』（岩崎書店）
- 『イヌのすべて調べ図鑑』（汐文社）
- 『昆虫の図解』（学習研究社）
- 『生活探検大図鑑』（小学館）

第2章 ●「テーマのある読書の時間」の実際

活動例

時　間	児　童　の　活　動	支　援　・　留　意　点
7分	1　図鑑の目次と索引を実際に使って，調べたいことが出ているページを見つける。	1　図鑑の目次と索引の使い方を確認する。あらかじめ，例に出す図鑑で，事柄を調べておく。（例，昆虫図鑑で「テントウムシ」など）全員の前でその事柄の出ているページを目次，索引をてがかりに開けて見せる。
3分	2　どんな図鑑があるか知る。	2　図鑑にはどんな種類があるのか，学校の図書室の本を中心に紹介する。
25分	3　関心のある図鑑を選んでよく読む。知りたいことの出ているページから見る。初めから見ていってもよい。違う図鑑と取り替えてもよい。	3　図鑑は，写真や絵を見るだけではなく，説明の文章も読むように言う。ページのめくり方も，やってみせる。本を選ばせる。2人で1冊を見てもよいと伝える。
5分	4　ワークシートに，読んだ図鑑とわかったことやおもしろかったことを簡単に書く。	4　ワークシートを配って書かせる。
5分	5　読んだ図鑑と気に入ったページをみんなに見せる。	5　図鑑にはいろいろな種類があることを伝える。

ヒント
- 上の活動例1で使う図鑑と同じ図鑑が各グループに1冊分あれば，索引の使い方を練習する時間をとる。
- 公共図書館から借りた図鑑の中で特に好評だったものは，次回の注文のために，書名，出版社，値段を控えておく。
- ワークシートは，読んだことのまとめで，メモ程度のものである。丁寧に取り組むのであれば，八つ切り画用紙に絵を描いて説明もつけさせるとよい。

3年生③ チョウについて調べよう

■目的を絞った調べ学習

設定理由　3年生になって「理科」が始まりました。2年生までの生活科とは違い，科学の目を持って観察をしたり考察したりしなければいけません。知的探求心を持って学習に望ませたいものです。

　そのために，実物を観察すると同時に様々な知識も得るように，読書の時間を活用することにしました。理科の枠内でとってもいい内容です。この活動をチョウの学習の発展としてもいいですし，学習に入る前の予備知識を得る時間としても有効です。

　しかし，漠然と「調べましょう」と言っても，何をどう調べたらよいのかわからない子もいます。ここでは，各自が調べる内容をしっかり決めておきます。

授業以外の活用　・『モンシロチョウはなにがすき？』は読み聞かせに向いている。

時　間　45分。

めあて
・チョウについて調べたいことを考える。
・図鑑の見方を知り，調べたいことが書いてあるところを見つける。
・調べたことの要点を箇条書きで書き抜く。必要なら絵も描く。

準　備
・各自にチョウについて調べたいことを，ワークシート（P 91）に記入させ，そのワークシートを集めておく。
・調べたいことが出ている本や図鑑があるかどうか事前に図書室を見ておく。学校司書と担任と協力してさがすと多く集められるが，1クラス全員に対応する冊数はないので，公共図書館から借りてくる。
・調べたいことを全員で話し合ってから内容別にグループを作ってもよい。

BOOK
・『モンシロチョウはなにがすき？』（福音館書店）
・『チョウの不思議をさぐる』（汐文社）
・『モンシロチョウ』（あかね書房）
・『チョウのくらし』（偕成社）
・『モンシロチョウの観察』（偕成社）

第2章　「テーマのある読書の時間」の実際

活動例

時　間	児　童　の　活　動	支　援　・　留　意　点
5分	1　すでにワークシートに書いてある，自分が調べたいことは，どこの本にあるのか，だいたいつかむ。	1　チョウについて書かれている本を内容別に分けておき，それぞれの説明を簡単にする。 　例）①チョウの見つけ方と飼い方 　　　②チョウの一生 　　　③チョウのふしぎ 　その他に図書室内の図鑑や百科事典などの場所を言う。
30分	2　本を見て調べたいことを短くまとめて書く。 3　どのように書いたらいいか，友だちのを見て参考にする。	2　ワークシートを配る。 　どの本を見ていいかわからない子といっしょにさがす。また，本のどこを見たらいいかわからない子には，説明をする。 3　はやめに書けた子の中で，見やすく書いてあるものを紹介する。
10分	4　調べたいことが終わったら，チョウについて書いてある本を静かに読む。 5　手続きをして本を借りる。	4　ワークシートを集める。 5　貸し出し手続きをする。他の図書館から借りている本の冊数を数えて確認する。

ヒント
・この形式の調べ学習は，他の学習でもできる。

3年生④ 世界の名作クイズ

■長い物語を味わって読む

設定理由　名作というのは，古いものは200年以上もたって尚，世界中で読み継がれています。映画にもなり，多くの人に親しまれています。それだけに確かにおもしろい内容なのです。ぜひ，小学校のうちに，その年代でしか味わえない感動を得てほしいと思います。3年生はこの読書の時間，とても楽しんで本を手にとります。

　ここで紹介している本は，子ども向けに書かれています。この時期は書名と内容にふれて，もう少し大きくなったら原典に近い本も読んでほしいので，そちらの本も最後に紹介しておいてください。

授業時間以外の活用
・ブックトークで紹介する。
・名作について出題したクイズコーナーに本を置く。

時　間　45分。

めあて
・名作のクイズに答えながら，その本にふれて関心を持つ。
・実際に手にとって読みながら，そのおもしろさを味わう。
・これからも読んでみたいという意欲を持つ。

準　備
・学校の図書室で，3年生が読める名作が何冊あるか調べる。
・10冊の本をそれぞれ2冊以上，合わせて学級人数分以上の冊数になるように公共図書館などから借りておく。借りた本はわかるように分けておく。
・クイズA（P92），クイズB（P93）を印刷しておく。

BOOK
・「こども世界名作童話」（ポプラ社）
・「世界の名作」（世界文化社）
・「小学館世界の名作」（小学館）
・『フランダースの犬』
　「子どものための世界名作文学」（集英社）
・「カラー版　世界の幼年文学」（偕成社）
・『十五少年漂流記』青い鳥文庫（講談社）
・「世界の児童文学名作シリーズ」（講談社）

第2章 ●「テーマのある読書の時間」の実際

活動例

時　間	児　童　の　活　動	支　援　・　留　意　点
3分	1　クイズのやり方を理解する。	1　「名作」の説明をしてから，クイズAの紙を配り，答え方を説明する。 ルール ・わかる答えはすぐに書いて，わからない場合は，本で調べる。 ・友だちに教えてもらわない。
17分	2　答えはだいたい本の初めのほうで見つけられるので，どんどん進められる。2枚とも終わったら，名作を読む。	2　クイズAの答えを書き終わったらクイズBの紙を渡す。図書室に元々あった本は，場所を教える。 例）『長くつ下のピッピ』の作者はリンドグレーンだから「り」の棚を見る。
5分	3　答え合わせをする。この中で読んだことのある本についてどんなところがおもしろかったか，みんなに紹介する。	3　ほとんど終わったところで答え合わせをする。今回のクイズの中で読んだことのある本を聞く。
20分	4　気に入った名作を読む。	4　名作を読む時間にする。
	5　本を借りる手続きをする。	5　本の貸し出しをする。他から借りた本の確認をする。

ヒント
- 学校の図書室にある名作で，他の問題にしてもよい。
- 「この10冊の中から○冊読もう」という学級での課題にしてもよい。家庭にも知らせると協力してもらえる。
- 名作は，家庭でもよく買うので，貸してもらえるか聞いて，学級文庫に借りて朝読書で読む本にする方法もある。その際，本が傷んだり紛失したりすることもあるので期間を決める。

3年生⑤ みんなで詩を楽しもう

■詩の楽しさを味わう

設定理由　図書室に詩の本は何冊ありますか？　ある小学校で図書の整理をした際，その多さに驚いたことがあります。しかし，ほとんど読まれていませんでした。詩は子どもたちに親しみやすく，言葉の感性も磨きますので，ぜひ活用したいものです。

　3年生も後半を過ぎると，グループ学習が上手になってきます。また，元気いっぱいで楽しいことにとびついてくる年齢でもあります。みんなで声をそろえたり動作をつけたりして，さらに詩の楽しさを味わえるように考えました。

時間　45分×3。

ねらい
- 詩の本を読んで，気に入った作品を選ぶ。
- 声に出したり，みんなでそろえたりすることで詩のリズムを楽しむ。

準備
- 図書室に3年生が読める詩の本が何冊あるか調べておく。足りない場合は公共図書館から借りておく。
- みんなで読むのにふさわしい詩を選んで，印刷する。その詩は，模造紙に書いて掲示しておく。2つあると，選べて楽しい。例）工藤直子の「おがわのマーチ」（『のはらうたⅠ』童話屋），「ともだち」（『のはらうたⅡ』童話屋）
- ワークシート（P 94）を人数分用意する。

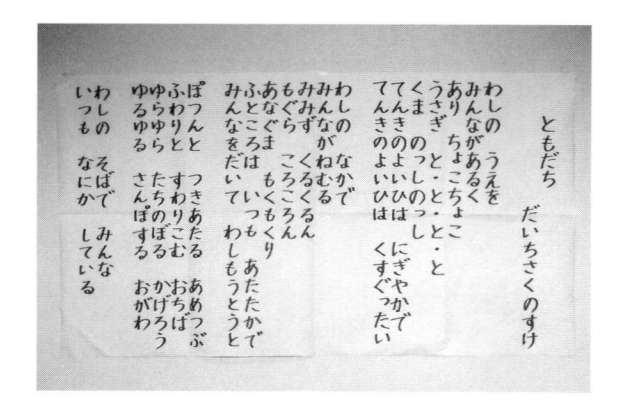

BOOK

第2章 「テーマのある読書の時間」の実際

活動例

時　間	児童の活動	支援・留意点
5分	1　どんな詩の本があるか知る。	1　図書室にある詩の本，公共図書館から借りた詩の本を紹介する。公共図書館の本は，書架に返さないよう注意する。
20分	2　1人1冊，もしくは2人で1冊を読む。	2　「お気に入りの詩を見つけよう」と，投げかける。
20分	3　気に入った詩を視写する。早く終わったら絵も描く。	3　罫を印刷した紙を配って，気に入った詩を視写させる。
10分	1　グループで発表するのによい詩を話し合って決める。	1　「おすすめの詩」ということで準備した詩を紹介する。これらと，前回選んだ「お気に入りの詩」の中から，グループで発表する詩を決めさせる。
30分	2　グループで話し合って，練習をする。	2　グループで読むとき，どんな工夫ができるか例をあげておく。 ・読むところを決めて交代で読む。 ・みんなで言うところを決める。 ・人数をだんだんふやす，減らす。 ・動作をつけてもよい。
5分	3　発表を聞く。	3　上手にできている1グループだけ前で読んでもらう。
45分	・発表会をする。	・詩の出典も言うようにさせる。

ヒント
・上手に話し合って，練習しているグループをほめながら進める。
・発表は，授業参観や6年生を送る会などでするのもよい。

4年生① 伝記に出ている人たちを知ろう
■生き方を考える一歩に

設定理由　伝記というのは，子どもたちに生きる目標を与えます。多くの伝記は，子ども時代から書いてあるので，自分自身と重ね合わせて考える子もいます。しかし，伝記を進んで読む子はあまりいません。保護者が与えたり，学校で読むようにすすめて手にとる子が多くいます。ぜひ，どんな人物が偉人と言われ，何をしたのかということを知ってもらいたいと思いますし，ある程度の長さの本を1人で読み終えてほしいと考えました。

授業以外の活用
- ブックトークで紹介する。
- 初めの部分を読み聞かせする。

時　間
- パターン① 45分。
- パターン② 45分×3。

めあて
- パターン①・ワークシートのクイズの答えを本で探しながら，偉人の業績を知る。
  - 関心を持った偉人の伝記を全部読んでみたいという気持ちを持つ。
  - 本だけではなく百科事典も利用できるようにする。
- パターン②・自分が選んだ偉人のことをわかりやすくワークシートに書く。
  - 自分が選んだ偉人についてみんなにわかるように紹介する。

準　備
- 年度初めに伝記を注文しておく。
- 図書室にどんな伝記が何冊あるか調べておく。足りない場合は，出題する人物の伝記を公共図書館や他の学校から借りて冊数をふやしておく。同じ本が何冊かあってもよい。家庭で，読まなくなった伝記がある場合が多いので，呼びかけて貸してもらう。その際，少し本が傷んでもいいか確認しておく。
- パターン①は伝記クイズワークシートA，B（P 95）を印刷しておく。
- パターン②は偉人紹介ワークシート（P 96）を印刷しておく。

BOOK
- 「おもしろくてやくにたつ子どもの伝記」（ポプラ社）
- 「子どもの伝記」（ポプラ社）

第 2 章 ●「テーマのある読書の時間」の実際

> [!NOTE]
> **活動例**　パターン①　（45 分）

時　間	児　童　の　活　動	支　援・留　意　点
3分	1　クイズの答え方を知る。	1　ワークシートの伝記クイズAを配り，書いてある名前の人は，どんなことをしたか調べて書くという説明をする。
35分	2　本を読んだり，百科事典や人物事典を調べたりしながら，人物の業績を書き，教師か司書に，マルをつけてもらう。	2　本が全員に行き渡るようにする。同じ本を2人で一緒に読んでもよい。 　わからない子には，本のどこを見たらよいかアドバイスする。 　マルつけをしながら，答えのヒントも出して，全員がクイズAが終わるようにする。
	3　全問正解者は，伝記クイズBに挑戦する。	3　早く終わった子には，伝記クイズBを渡す。
7分	4　全員着席して，正解を聞く。	4　本の表紙を見せながら，誰がどんなことをしたのか確かめさせる。
	5　読んでみたくなった本があったら，発表する。	5　読みたくなった本を聞く。
	6　本を借りる。	6　借りたい希望者が多い本は順番を決めて，全員に回るようにする。

■パターン①の後，パターン②を行う場合

- 1冊全部読むことを課題として，1週間後，ワークシートに，読んだ偉人の紹介文を書く。（45分）
- 書いた偉人の発表会をして，お互いに聞き合う。（45分）

> **ヒント**
> ・発表は，朝の会などに順に2，3人ずつしてもよい。
> ・発表会はしないで掲示してお互いに見るようにする。

4年生② 作文集を読もう

■作文のおもしろさを感じる

設定理由 　図書室の一角に，地域で作っている文集がたくさんありませんか？　毎年1回上手な作文を学校代表で出品し，審査してまとめたものです。学級数分買ったり，図書室用に何冊か買ったりしたものが，そのままになっていないでしょうか？　これを読書材として活用しようと考えました。上手な作文は共感できることもわかります。

　また，同じ年代の友だちが書いた作品を読むことで，どんな書き方がよいのか学び，これから書くときの参考にもなります。作文を書くことが嫌いな子の多くは，よい作文がどんなものなのか，そのイメージがないので，書き方がわからないのです。また，題材が選べないということもあります。その解決にも役立ちます。

　ここではもう一つ，学級文集も加えました。印刷して綴じたものではなく，原稿用紙に書いた全員の作文を1冊のファイルに入れて，学級文庫の中に入れておきます。

授業以外の活用
- 校内放送で入選作品などを読む。
- 本校の地域文集入選作品を印刷して配る。

時　間 　45分。

ねらい
- 身近な学校の同世代の友だちが書いた作文を興味深く読む。
- 読んだ作文のよいところを見つける。

準　備
- 地域の作文集を人数分。ない場合は教室に配ってあるものを集める。
- 学級の文集。（原稿用紙をファイルに綴じた文集）
- 本になっている作文集。
- ワークシート（P97，上）。
- ユーモラスに書けている作文を印刷したものを人数分。

印旛地区教育研究会
地域文集『ひざし』

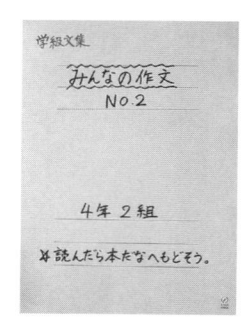

第 2 章 ●「テーマのある読書の時間」の実際

活動例

時　間	児　童　の　活　動	支　援・留　意　点
10分	1 配られた作文のプリントを黙読する。 2 聞きながら，よい表現に線をひく。	1 印刷した作文を配り，黙読するように言う。 2 だいたい読み終わったころ，読んで聞かせる。今度は，よいと思った表現に線をひかせる。ひき終わったら，数人に発表してもらう。
20分	3 読みたい文集や本を選んで読む。気にいった作文に付箋をつける。	3 図書室にある文集や作文の本を紹介する。その他，作文集も紹介して，一冊ずつ読むようにさせる。
10分	4 ワークシートに記入する。付箋をつけた中から選ぶ。	4 ワークシートを配り，よかった作文について，メモさせる。
5分	5 よかった作文を音読し，どこがよかったか言う。（1人）	5 読みたい児童の中から一人だけ，代表で読んでもらう。いなかった場合は児童が選んだ中から一つ読み上げる。

ヒント
- 子どもたち全員が楽しむ読書の時間にはなりにくいが，国語の作文学習のためにも，一度実施することをすすめたい。
- 中には，作文集が好きになる児童も見られるので，この読書の後，学級文庫に数冊，借りておくとよい。
- ときどき，上手な作文を読むと，だんだん子どもたちが作文を書く意欲を持つようになる。

4年生③ 行ってみたい国

■本を使って国際理解

設定理由　国際社会となり，身近に外国の方がいたり，テレビで報道されたり子どもたちが海外に目を向けるきっかけとなることも多くなりました。4年生にわかる範囲で外国のことを調べて関心を深めるように考えました。

　図書室や公共図書館には，それぞれの国が紹介されているセットがないでしょうか？いくつかセットがあれば，この活動ができます。いろいろな国があってそれぞれの国で，子どもたちが学校に通ったり，家庭の生活したりしていることも知り，視野を広げてほしいとも思います。

授業以外の活用　・外国の物語を読み聞かせしたときに合わせて紹介する。

時　間　45分×2。

めあて
・どんな国があるのかを知る。
・何冊か本を見ながら，行ってみたいと思う国を決める。
・行ってみたい国のことを簡単にワークシートにまとめる。

準　備
・海外の国々について書いてある本を人数分より多くあるか図書室で確認する。ない場合は，公共図書館で借りてくる。
・ワークシート（P 98）を人数分印刷しておく。

BOOK
・「インターネットで調べたい」という声があると思われるが，この2時間は本を使う。インターネットは本である程度わかってから活用するようにする。

「世界の子どもたちはいま」（学習研究社）
『世界がわかる国旗の本』（学習研究社）
「きみにもできる国際交流」（偕成社）
「国際理解に役立つ世界の衣食住」
（小峰書店）
「行ってみたいなあんな国こんな国」
（岩崎書店）
『外国の小学校』（福音館書店）

第2章 ●「テーマのある読書の時間」の実際

活動例

時　間	児　童　の　活　動	支　援　・　留　意　点
3分	1　この読書の時間のテーマをつかむ。	1　「自分が行ってみたい国を見つけましょう」と投げかける。
5分	2　関心を持って本の紹介を聞く。	2　子どもたちが関心を持ちそうな国の本の内容を紹介する。（スポーツの世界大会が開催されている国など） 　景色や建物，子どもたちの生活などを写真を見せながら話す。
20分	3　外国について書かれた本を読んでみる。「行ってみたい国」を決める。2人で1冊読んでもよい。たくさん手にとって読んでみる。	3　各自で，世界の国が出ている本を読む時間をとる。
12分	4　ワークシートに書ける部分だけ書く。	4　行ってみたい国のワークシートを配る。書くのは次の時間でもよいと言っておく。
5分	5　読んだ中で初めて知ったことやおもしろかったことを発表する。	5　この時間に読んだ本について聞く。
	6　借りたい本を決めて手続きをする。	6　次の時間に続きをするので，家で調べてもよいと言っておく。

→次の45分は，この活動の続きをする。

ヒント　この活動は，ワークシートを掲示してお互いに見るが，国別にグループをつくり，もっと長く時間をかけてまとめ，発表するのも楽しい。

4年生④ 動物の物語を読もう

■読書の楽しさを味わう

設定理由　いくつかの学校の図書室や教室で，4年生と接してきましたが，どの年も必ずと言っていいほど，この学年に「シートン動物記」に夢中になる子が出てきます。どちらかというと男子に多く見られます。図書室の棚をよく見ると，高学年向きの動物の物語はノンフィクションも含めてたくさんあります。4年生の心にちょうど届く内容なのでしょう。

　　　ここでは，「シートン動物記」や椋鳩十の動物物語のような，動物を擬人化していない物語を選びました。1クラス分，本があれば，すぐに使えるテーマです。すでに読んでいる子もいると思われますので，どんなところがいいのか話してもらいます。

授業以外の活用・椋鳩十の「片耳のオオシカ」などは，とてもよく聞く。最後まで読まなくてもよい。または何回かに分けて読む。

時　間　45分。

ねらい・動物が出てくる物語に関心を持つ。
　　　　・1冊を最後まで読み通して，感想や考えを持つ。
　　　　・おもしろかった本をみんなに紹介する。

準　備・図書室に動物記が何冊あるか確認して，1クラス分に足りない場合は，公共図書館から借りてきておく。今回は「シートン動物記1」の「オオカミ王ロボ」を初めに紹介するので，多めに用意しておく。
　　　　・シートン動物記・椋鳩十・戸川幸夫の動物物語・ノンフィクションの動物記を読んで，内容を紹介できるようにしておく。
　　　　・ワークシート（P 99，上）を印刷しておく。

BOOK
・『シートン動物記1』（集英社）
・『のら犬物語』（金の星社）
・『片耳の大シカ』（ポプラ社）

第 2 章 ●「テーマのある読書の時間」の実際

活動例

時　間	児　童　の　活　動	支　援　・　留　意　点
5分	1　今日のテーマを知る。読んだ本があったら，簡単に内容を話す。	1　集めた動物記を見せて，この中で読んだことのある本があるか聞く。読んだ本があったら，その題名とよかったところを簡単に紹介してもらう。
10分	2　「オオカミ王ロボ」を聞きながら，情景を想像する。	2　「オオカミ王ロボ」の最初を読み聞かせする。挿し絵が出ているところは全員にゆっくり見せてから読む。「ロボは，捕まるでしょうか？」と疑問を投げかけて，最後までは読まない。
20分	3　動物記に関心を持って，1人1冊読んでみる。	3　どんな動物記があるか，表紙を見せて簡単に紹介してから，動物記を各自で読む時間をとる。「オオカミ王ロボ」に人気が集中した場合は，ジャンケンなどで読む順番を決めて，予約表に書いておく。
10分	4　短い物語を読み終わったら，ワークシートを書いてもよい。	4　読んだ本をみんなに紹介するためにワークシートに書くことを伝える。
	5　続きは借りて読む。	5　本の貸し出しをする。

ヒント
- この方法は，テーマを変えても同様にできる。例えば，「戦争に関する本を読もう」「昆虫記を読もう」「環境に関する本を読もう」など。
- 集めた本は目を通しておく。できれば読んでから紹介するほうがよい。

4年生⑤ おすすめのシリーズ

■多読で読む力をつける

設定理由　この活動は，1年間のまとめで3学期初めに設定してください。本が好きになると，子どもたちは自然に好きなシリーズを続けて読むようになります。そうなるためには，さりげなく「この本があなたにおすすめ」と教えてくれる大人，主に学校司書が必要です。また，図書室に興味の持てる本がないと続けて読むことができません。あっても借りっぱなしになっていたり，紛失したりしては読めませんので，管理が必要です。

　4年生後半から5年生にかけては，多読によって読書の楽しさがわかってくる時期ですから，よい環境を整えてあげたいものです。

　ここで「シリーズ」全体としたのは，1冊だけの紹介では，その本が貸し出し中の場合読めないからです。子どもたちからおすすめのシリーズが出ない場合は，司書や教師が紹介します。

授業時間以外の活用
- 下記のシリーズを何冊か読んで，ブックトークをする。
- 下記の本はすでに人気があるので，クイズをする。

時　間　20分／紹介したい本が多ければ20分×2。

めあて
- 自分が好きなシリーズや作家を友だちに紹介する。
- 友だちが好きなシリーズを聞くことで，興味を持って読もうとする。

準　備
- みんなにすすめたいシリーズがある児童に，書名や図書室の本かどうかをあらかじめ聞いておく。
（なければ公共図書館から借りておく，または持ってきてもらう）
- 今回は，全員ではないので発表したい人数を把握しておく。

BOOK
- 「ドリトル先生物語全集」
- 「タンタンの冒険旅行シリーズ」
- 「ズッコケ三人組シリーズ」
- 「かぎばあさんシリーズ」
- 「かいぞくポケット」
- 「なん者・にん者・ぬん者」
- 「少年探偵・江戸川乱歩」
- 「名探偵シャーロック・ホームズ」
- 「シリーズ怪盗ルパン」
- 「こそあどの森の物語」
- 講談社青い鳥文庫「パスワードシリーズ」
- 「デルトラクエスト」

（著者・出版社は巻末参照）

第2章 「テーマのある読書の時間」の実際

活動例

時　間	児　童　の　活　動	支　援　・　留　意　点
20分	1　この時間のめあてを知る。 2　おすすめのシリーズの紹介をする。よく聞いて，質問があればする。 ・主人公の名前 ・どこがおもしろいか ・シリーズの中で特におすすめの本とその理由 3　聞いた感想を発表する。	1　おすすめのシリーズを紹介してもらって読む時間をとることを伝える。 2　あらかじめ決めておいた児童に，おすすめのシリーズを紹介してもらう。 3　読んでみたい本があったか，感想などを聞く。
25分	4　すすめられたシリーズの中から，読んでみたい本を決める。 5　手続きをして借りる。	4　読む時間をとる。 5　貸し出しをする。友だちの本を借りる場合には大切に読むこと，また貸しをしないことなどを確認する。公共図書館の本は，できるだけ自分で行って借りるようにすすめるが，どうしても借りに行けない児童には，期限を決めて貸す。

　1か月ぐらいして，おすすめのシリーズをワークシート（P 99，下）に書いて掲示する。

ヒント　　シリーズではないが，『大千世界のなかまたち』（福音館書店），『大千世界の生き物たち』（架空社）（共に著者はスズキコージ）は，4年生男子に人気があった。

5年生① 新聞を読んで考えよう

■社会に目を向ける

設定理由　「読む」ものは，本とは限りません。新聞も読書の資料として大切です。新聞は本と違って，段が変わると次はどこを読んでいいのかまごつくこともあります。たくさんの記事すべてに目を通すわけにはいきませんから，見出しをざっと見てななめに読むという技能も必要になります。ここで新聞を読む練習をして，さらに家庭でも進んで読めるようになっていってほしいと思います。一度で終わらずに，クラスやグループでテーマを決めて集め続けたり，毎朝，日直が記事を紹介して，新聞切りぬきコーナーに掲示したりしてはどうでしょうか？　社会に目を向けるきっかけになります。

時　間　45分。読む時間を長くとり，コメントを丁寧に書くなら45分×2。

ねらい
- 新聞の記事は，どんなふうに書かれているのかを知る。
- 書かれている内容を読みとって，記事に対する自分の考えを持つ。
- 切りぬきファイルを作る練習をする。

準　備
- 小学生新聞人数分（何日かためておく。購読している人からもらう。）
- 興味を持ちそうな記事が出ている面を縮小して印刷したもの全員分。
- 赤えんぴつ（児童）。・赤の太いマジック（教師）。
- はさみ。・のり。・台紙用の八つ切り白画用紙。

小学生新聞

掲示したり，ファイルに綴じたりして使います。ファイルする場合はテーマ別にすると資料として使えます。年月日，どの新聞からの切り抜きかを明記します。

切り抜きファイルの例

朝日小学生新聞（2004.12.9）
朝日学生新聞社

第2章 ●「テーマのある読書の時間」の実際

活動例

時　間	児　童　の　活　動	支　援　・　留　意　点
2分	1　活動のめあてを知る。	1　小学生新聞を見せる。記事を読んで切りぬいて台紙にはり，コメントを書くという本時の流れを説明する。
18分	2　配られた新聞の中から目的の記事を見つけて読み，書いてあるところを赤い枠で囲む。	2　印刷した新聞を配り「○○の記事が書いてあるところを赤い枠で囲む」という課題を出す。全員がだいたい終わったところで，マジックで目立つように赤い枠を書いたものを見せて，確認させる。
	3　配られた新聞を各自で読む。	3　小学生新聞を一部ずつ全員に配り，読む時間をとる。
25分	4　読んだ新聞の中から記事を決めて切りぬき，新聞の名前と日付を書く。コメントを書く。	4　気になる記事やみんなに紹介したい記事を切り抜いて台紙に貼るようにさせる。その際，記事が出ていた新聞の名前と日付を書いておくことを伝える。あいているところ，または裏に記事に対するコメントを書く。 （時間があれば）
	5　他の新聞も読んでみる。	5　他の小学生新聞や，一般の新聞を配って読ませる。

ヒント
- 活動場所は図書室を想定しているが，机がなかったり，狭い場合は図工室で。
- 新聞を広げると場所を取るので教室より特別教室がよい。
- 切り抜いた記事ファイルはみんなに紹介したり掲示したりして広める。
- テーマを決めて集め続け，1冊に綴じていくと資料集になる。例）環境，エイズなど。朝日新聞社の連載記事「ののちゃんのふしぎ玉手箱」など。

5年生② 作者を知ろう

■本を読み進めるために

設定理由　高学年になるとただおもしろいというだけではなく，内容のある読書をしたいと思うようになります。「本を読むのは面倒だ」と思っている児童でも気持ちにぴったり合う本があると，一生懸命に読む時期です。その手がかりとして作者を意識して読む方法があります。児童文学を書く作者にはどんな人がいるのかを知り，その中で2,3冊読んでもいいですし，教科書に出ている物語の作家が書いた本を1,2冊読んで，共通して持っているテーマはどんなことか考えてみるのもいいでしょう。

　このような読み方をさせるためにも，図書室の9類（文学）は，作家の名前で五十音順に並べておく必要があります。また，本を選ぶときに「児童に読ませたい作者の本」ということを意識しておくことも大切です。

時　間　45分×2。　その他，朝読書なども使って読書の時間を多めにとる。

ねらい
・作者を意識して読むことで，より深い読みとりをする。
・どんな作家がいるのか，どんな本があるのかを知る。
・長い物語を読み通すことができるようにする。

準　備
・どんな児童文学者の本があるか，図書室で調べておく。足りない場合は，公共図書館で借りておくが，この活動ではその本を持ち帰ったり，教室で読んだりするので，誰が何を借りたのか厳密に控え，各自に責任を持つように言っておかなければいけない。
・ワークシート（P100）を人数分印刷する。

BOOK　次の作家の本など。（低学年向き文学や絵本も含めてよい）

安房直子　　いぬいとみこ　　今西祐行　　上橋菜穂子　　丘修三　　岡田淳
岡野薫子　　加古里子　　柏葉幸子　　角野栄子　　神沢利子　　倉橋燿子　　後藤竜二
佐藤さとる　　高楼方子　　手島悠介　　寺村輝夫　　富安陽子　　那須田淳　　那須正幹
はやみねかおる　　日野多香子　　舟崎靖子　　松谷みよ子　　宮川ひろ　　宮沢賢治
椋鳩十　　山中恒　　ミヒャエル・エンデ　　カニグズバーグ　　ルーマー・ゴッデン
ケストナー　　ロアルド・ダール　　プロイスラー　　エミリー・ロッダなど

第 2 章 ●「テーマのある読書の時間」の実際

活動例

時　間	児　童　の　活　動	支　援　・　留　意　点
5分	1　課題をつかむ。	1　「1人の作家の本を2冊以上読んで，どんな作風やメッセージを持った人なのか考える」という課題を出す。
35分	2　作家を決めて読む。	2　作家を決められない児童にアドバイスする。 　・今までに読んだ本の中から選ぶ。 　・国語の教科書に出ている物語の作者にする。など
5分	3　借りる本を決める。	

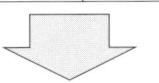

朝読書などを利用して読む。

45分	1　図書室の中で，読んだ作家の本を再度手にとり，記入していく。	1　ワークシートを配って，読んだ作家について記入する課題を出す。 　書き方がわからない児童にアドバイスする。
	2　書き終わったら，同じ作家の別の本を読む。	

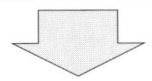

発　表

・朝の会で順に話す。
・掲示する。
・1冊にファイルする。
・印刷して綴じる。

作：佐藤さとる

5年生③ 魔女・魔法使いの本

■長い物語に挑戦する

設定理由　ハリー・ポッターのブームでもわかるように,「魔法」は何とも魅力的で,子どもの心をとらえます。図書室の書架を見てください。「魔女」「魔法使い」という言葉が書名に入っている本がたくさんないでしょうか？　図書室を1周しただけで,何冊も集められます。このテーマは読書の秋とハロウィーンとを兼ねて10月末がおすすめです。

すでに読んだことのある児童がいるので,紹介してもらいます。紹介するときに扮装を考えるように言うとのってくれる子が出ると思います。

5年生の後半に,文字の多い本を急に読めるようになる子を何人か見かけます。興味の持てる内容の本に出会えるかどうかが鍵です。このテーマは好きな本に出会う確率のかなり高い本として期待できます。実際に5年生に好評だった本を下に集めました。

授業以外での活用　・図書室で下記の本をさがして,読んでからブックトークをする。

時　間　45分。

めあて
- 友だちや先生の本の紹介をよく聞いて,読んでみたい本を決める。
- 「魔女・魔法使いの本」を楽しんで読む。
- 長い物語にも挑戦してみる。

準　備
- 図書室で,「魔女・魔法使い」と書名に入っている本が何冊あるか数えて,人数分足りない場合は,公共図書館で借りてくる。
- 今までに魔女や魔法使いが出てくる本を読んだことのある児童を聞き,読書の時間に本の紹介をしてもらうように頼んでおく。長くならないように,書名・登場人物・おすすめのところの3点のみにする。
- ハロウィーンの時期なら,みんなをちょっと驚かせる扮装ができたら準備しておいてもらう。

BOOK
- 「ハリー・ポッターシリーズ」
- 『魔女の宅急便』
- 『魔法のゆび』
- 『魔法のカクテル』
- 『魔法の学校』
- 『小さい魔女』
- 『魔女ジェニファとわたし』
- 「魔女学校シリーズ」『魔女学校の一年生』他

＊著者,出版社は115頁参照。

第 2 章 「テーマのある読書の時間」の実際

活動例

時 間	児童の活動	支援・留意点
20分	1　課題をつかむ。	1　魔女，魔法使いの本というテーマの本を読む課題を伝える。
	2　頼まれていた児童は本の紹介をする。ハロウィーンの時期なら扮装をこらして授業の初めにみんなを驚かせる。	2　あらかじめ頼んでおいた児童に本の紹介をしてもらう。テンポよくできるように進行する。
20分	3　読みたい本を決めて読む。	3　選べない児童にアドバイスする。選んだ本は，この時間は交換しないで，できるだけ読むように言う。 　　静かに読み始めたら，教師，司書もいっしょに読むとよい。「ページをめくる音」だけの集中した読書の時間をつくる。
	4　おもしろい本があったら，発表する。（読んでいる途中でもよい）	4　「おもしろい本」「気にいった本」があったか聞く。
5分	5　手続きをして本を借りる。	5　本の貸し出しをする。公共図書館で借りている本は，なるべく個人で行って借りるようにさせたいが，行けない児童は，名前を控えて期限を決めて貸す。

ヒント

- この後，しばらく図書室や学級文庫に「魔法の本」コーナーをつくるとよい。
- 今回紹介しなかった児童の中からも，希望者を募って，朝の会などで紹介してもらう。
- 1時間かけて一度に発表すると，聞き飽きてしまうので分けたほうがよい。

5年生④ 注文の多い料理店＆宮沢賢治賞
■物語や詩の楽しさを味わう

設定理由　このテーマの読書は，4年・5年・6年でそれぞれしていますが，5年生が一番よく取り組みます。何か，この年齢に合うのでしょう。宮沢賢治の作品は，むずかしいものもありますが，「注文の多い料理店」はユーモラスですし，読み聞かせにもちょうどよい長さです。

　さらに，宮沢賢治はどんな人物か知り，「雨ニモマケズ」の詩を暗唱します。暗唱できたかどうかは，教師や司書が聞きますが，合格した児童がミニティーチャーとして友だちの合格を判定してもよいというようにしておきます。合格したら「宮沢賢治賞」の賞状（P102）を出します。

授業以外の活用　・「注文の多い料理店」は読み聞かせに向いている。

時　間　45分／宮沢賢治の他の作品をじっくり読む時間をとるなら45分×2。

ねらい
・宮沢賢治の作品に親しむきっかけをつくる。
・「雨ニモマケズ」の暗唱に挑戦する。
・比較的短い物語が多いので，自分で最後まで読んで味わう。

準　備
・「注文の多い料理店」の絵本。
・「雨ニモマケズ」暗唱練習用シート（P101）を人数分印刷する。
・「宮沢賢治賞」（P102）をケント紙か厚い画用紙に印刷。
・宮沢賢治の本を人数分（読む時間をとる場合）。

BOOK
・『注文の多い料理店』（偕成社）
・『雨ニモマケズ』（パロル舎）

活動例

時　間	児　童　の　活　動	支　援　・　留　意　点
25分	1　絵が見えるところに集まって読み聞かせを聞く。 2　宮沢賢治という人物について知る。	1　「注文の多い料理店」の読み聞かせをする。 2　宮沢賢治について知っていることを聞いてから，年譜に沿って簡単に生涯と業績を話す。図書室の宮沢賢治の本があるところを確認する。
10分	3　意味を考えながら読む。 　　わからないところは質問する。	3　「雨ニモマケズ」の詩を読む。2回目は全員で声をそろえて読む。むずかしい言葉について解説する。まだ，わからない言葉がないか聞く。読点を書かせてもよい。 　　　　特に意味がわかりにくい文章 　　　　　・欲ハナク 　　　　　・ヨクミキキシワカリ 　　　　　・クニモサレズ
10分	4　「雨ニモマケズ」の暗唱を練習する。	4　時間を決めて，暗唱の練習をさせる。その際「○○まで覚えられたら立派」などと目標を決めておくとよい。15分くらいあれば，「ソシテワスレズ」まで暗唱できる。 5　残りは課題とする。 　　「宮沢賢治賞」のミニ賞状を出すことを言っておく。

ヒント
・もう1時間とれるときには，宮沢賢治の他の作品を読む時間にする。

5年生⑤　みんな大切な人

■人権を考えるきっかけに

設定理由　　この活動は，図書室の中であまり手を触れられない「人権」の本に目を向けるように考えました。どちらかといえば，司書やボランティアの方にブックトーク形式で紹介してもらえたらと思います。

　小学校高学年になると，クラスの中での人間関係に悩む児童も出てきたり，時には「いじめ」という問題も出てきます。この活動1回で改善されるわけではありませんが，「こんな本がある」ということを知れば，気持ちが少し違ってくるのではないでしょうか。ブックトークの後で，図書室にコーナーをつくってください。12月の人権週間に合わせて紹介するといいでしょう。

授業以外の活用　・『わたしのいもうと』（偕成社）の読み聞かせをする。

時　間　読み聞かせとブックトークだけなら20分。各自読む時間もとると，45分。

めあて
- 「人権」について書かれた本があるということを知る。
- みんなが気持ちよく暮らしていくためには，お互いを尊重して悲しい立場に立つ人がいないように配慮しなければいけないことを本を通して考える。
- 自分がいやなことは，はっきり言う権利もあるということを知る。

準　備
- 「人権」に関する本を読んでおく。
　　例）『あなたが守るあなたの心・あなたのからだ』（童話館出版）など。
- 「人権」について集めた本の中で，どれを重点的に紹介するか計画を立てる。
- 公共図書館や近隣の学校に協力してもらい，人数分の本を集める。
　　例）『世界人権宣言』（金の星社）など。

BOOK
- 『いや！　というのはどんなとき？』（アーニ出版）
- 『すべての子どもたちのために』（ほるぷ出版）

第2章 ●「テーマのある読書の時間」の実際

活動例

時　間	児　童　の　活　動	支　援　・　留　意　点
10分	1　読み聞かせを聞く。	1　静かに聞ける雰囲気をつくり，『わたしのいもうと』を読み聞かせする。
	2　「かわいそう」「自分だったらいやだ」という感想が出る。	2　感想を何人かに聞く。出ないときは無理に言わせない。
15分	3　「権利」という言葉を覚える。	3　『あなたが守るあなたの心・あなたのからだ』などを元に，子どもの3つの権利を話す。3つの権利とは，安心，自信，自由。
	4　どんなときに権利が守られなければいけないのか，具体例で考える。身近に権利が守られないことが起こりうることを改めて知る。	4　『あなたが守るあなたの心・あなたのからだ』から，ゆみこの場合，ひでおの場合，やえこの場合を読みながら，考えたことを聞く。
	5　人間には，みな権利があることを本を通して考える。	5　絵本『世界人権宣言』の何カ所かを読み，大人も子どもも「人間らしく生きる権利」があることを話す。身勝手とは違うことにも触れる。
15分	6　人権にかかわる本にはどんなものがあるのか知り，読んでみる。	6　子どもの権利，人権について書かれた本，権利を守るためにどうするか書いた本を簡単に紹介する。
5分	7　手続きをして本を借りる。	7　図書室のどこにこの本があるかを伝える。貸し出しもする。

ヒント
- 本がたくさん集められたら，人権について書かれた本を読む時間をとる。
- 『人の権利』コーナーをつくっておく。

6年生① グリム物語をじっくり読もう

■物語のおもしろさを味わう

設定理由　凶悪犯罪の低年齢化が心配される世の中になりました。その背景には，「怖いものがない」ということが含まれていないでしょうか？　グリムを含めた昔話や民話には，善い行いには善い結果が，悪い行いには悪い報いが用意されています。生きていく上での道理が説かれています。

　小さいころに読んだ幼児向きのハッピイエンドのグリムの絵本ではなく，残酷な結末も書かれている物語の本を用意します。小さいころからよく知っている物語でも6年生で読むと，また違った発見や意味の取り方も出てくるでしょう。

　ここでは，「熊の皮を着た男」のストーリーテリングを初めにしていますが，幼児向きではない絵本を読み聞かせしたり，文章の物語を読んで聞かせるという方法もあります。

授業以外の活用
- グリム物語はストーリーテリングに向いている。
- ホフマンが挿し絵を描いている絵本は高学年の読み聞かせによい。

時間　45分。

めあて
- グリム物語を味わいながら聞く。
- 他のグリム物語を読んでみる。

準備
- 図書室にグリム物語が何冊あるか確認して，人数分に足りない場合は，公共図書館か近くの学校で借りる。
- 「熊の皮を着た男」の練習をする。
- グリム物語ができたいきさつや，グリム兄弟について調べておく。

BOOK
- 『子どもに語るグリムの昔話①』（こぐま社）
- 『くまおとこ』（福武書店）＊絶版

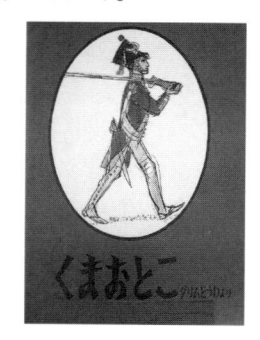

第 2 章 ●「テーマのある読書の時間」の実際

活動例

時　間	児　童　の　活　動	支　援・留　意　点
20 分	1　物語を聞く。	1　『熊の皮を着た男』のストーリーテリングまたは読み聞かせをする。
	2　グリムについて知る。	2　グリム物語がどうしてできたか，グリム兄弟はどんな人たちだったのかを簡単に話す。
25 分	3　グリムの本を選んで読む。	3　図書室にあるグリムの本，公共図書館から借りたグリムの本を紹介する。ホフマンの挿し絵が入ったグリムなど絵本でも長い物語であることを言い添える。（「6 年だから絵本を読むのは恥ずかしい」と考えてしまう児童もいるので）
	4　続けて読みたい本があれば，手続きをして借りる。	4　読み終わらなかった本は貸し出しをする。他から借りてきている本は紛失を防ぐため，原則として家庭に持ち帰らせないほうがよい。

ヒント
・関心のある方には，ぜひ，ストーリーテリングに挑戦していただきたい。
・グリム物語は，時間がたってもなお，印象的な場面や言葉が心に残っているという「力」のあるお話なので，このような時間をとって味わわせたい。

＊ストーリーテリング

　本を見ないでお話を語ること。一字一句間違わないようにするのではなく，ある程度覚えたら，自分が話すように語りかける。絵本や本がないので，語り手が聞き手を見て話すことができ，読み聞かせとは違う味わいがある。

6年生② 「よだかの星」と，宮沢賢治

■文学作品を味わう

設定理由　「よだかの星」は，子どもの胸を打つテーマで，読みやすい作品です。ただ，図書室にあるだけではなかなか進んで読む本ではありません。おそらく多くの学校で宮沢賢治全集が埃をかぶっているのではないでしょうか？

　ここでは，日本を代表する作家である宮沢賢治の書いた文章，言葉にもふれてほしいので，各自で文章を目で追わせながらの読み聞かせという方法をとりました。また，宮沢賢治はどういう生い立ちで何をめざしていたかなど，伝記を使って説明します。さらに，他の作品にも目を向けるよう読む時間をとりました。

時　間　45分。読む時間を多くとるなら45分×2。

ねらい
- 「よだかの星」の作品を味わう。
- 宮沢賢治がどんな人だったのかを知る。
- 宮沢賢治の他の作品も読んで，共通することや人物像などを考える。

準　備
- 「よだかの星」を人数分。一話で冊子となっている集団読書テキスト（全国学校図書館協議会）や，印刷したもの。
  例）『宮沢賢治全集』第8巻「よだかの星」（筑摩書房）
- 図書室に宮沢賢治の作品が何冊あるか数え，足りないときには公共図書館から借りてきておく。
- ワークシート（P97，下）を印刷。・宮沢賢治の写真を大きくしたもの。

BOOK
- 『よだかの星』（偕成社）
- 『虔十公園林』（くもん出版）

第2章 ●「テーマのある読書の時間」の実際

活動例

時　間	児　童　の　活　動	支　援　・　留　意　点
25分	1　「よだかの星」を読む。読み聞かせの場合は，文字を目で追いながら聞く。 2　感想を何人か言う。	1　「よだかの星」を配り，読み聞かせをする。各自，黙読でもよい。ただし，読み終わる時間に差があり，読みきれない児童もいるので，もう一度，指導者が読み聞かせする必要がある。 2　読後の感想を何人かに聞く。「かわいそう」「よだかが星になれてよかった」「むなしい」などいくつか分かれて出てくるので，どれも認める。
20分	3　宮沢賢治について知っていることがある児童は発言する。 4　宮沢賢治の本を読む。早く終わったら交換して読む。 5　今日読んだ本について，簡単に書く。	3　宮沢賢治がどんな人だったか，伝記をもとに説明する。 　　拡大した写真があれば全員に見せる。 4　宮沢賢治の絵本や本を紹介する。 5　ワークシートを配る。書いたことが発言できる児童がいたら，してもらう。6年生は，よい考えを持っていても，みんなの前では言いにくいという児童が多い。

ヒント
- 「よだかについてどう思う？」と聞くといろいろな意見が出てくるので，話し合いが活発にできる。
- 鳥の図鑑にあるよだかの写真も見せるとよい。

6年生③ 日本の歴史を読破しよう！

■歴史に親しむ

設定理由　6年生の社会では歴史を学習しますが，好きな児童とそうでもない児童とに分かれがちです。また，以前のような覚えることを重視する指導方法ではないため，歴史全体の流れがよくつかめず，知識も定着していない様子も見られます。そこで，時代の流れをつかみ，なおかつ歴史に親しめる読書を考えました。この読書の時間をとった6年生には「歴史が好きになった」，「教科書とは違うことも覚えられた」と好評でした。

「読書」に漫画を入れていいのか？　という考え方がありますが，漫画か文字かは問題ではなく，書かれている内容が児童のためになるかどうかが選ぶ基準です。この読書をして関心を持った何人かは，文字だけで書かれた歴史の本も読むようになります。

時　間　45分。

ねらい
- 歴史に親しむきっかけにする。
- ワークシートにそれぞれの時代を自分のイメージする色で塗るという作業を通して，日本の歴史の流れをつかむ。
- 歴史の知識をふやす。

準　備
- 『学習漫画　日本の歴史』（集英社）など，人数分の冊数。
- ワークシート（P 103）を人数分，かための白画用紙に印刷する。
- 色えんぴつ（児童）。
- スキャナ，またはカラーコピーを利用して漫画『日本の歴史』の表紙を何枚かプリントし，その時代のイメージの色で枠をつけたカード。
- カードの裏につけるマグネット。

第2章 ●「テーマのある読書の時間」の実際

活動例

時　間	児　童　の　活　動	支　援　・　留　意　点
10分	1　今日の日直2名が，カードを時代順に並べかえる。他の児童は見ていてアドバイスする。 2　それぞれのカードが何時代か考えて答える。 3　ワークシートを見て，課題をつかむ。	1　カードをでたらめに並べて，それを時代順に並べさせる。 2　実際に本の表紙を見せながら，何時代かを確認する。その際，背景の建物などにも目を向けさせる。 3　カードの枠の色が時代をイメージしていることを説明する。これからそれぞれの時代の本を読み，1冊終わったら各自がイメージする色をワークシートに塗るという課題を出す。
30分	4　1冊ずつ本を選んで読む。	4　児童が読んでいる間，いっしょに読み，読書の雰囲気をつくる。
5分	5　今日読み終わった本がある児童は，ワークシートに色を塗る。	5　これからも続けて読んでいくように課題を出す。今読んでいる本は手続きをして貸し出す。

ヒント
- 可能であれば，期間を決めて，学級でまとめて借りていく。その際，紛失がないように，書名や冊数を控えておくとよい。
- 「読みとおす」ことをねらいとして，色を塗るだけにしている。社会科として扱う要素を加味するのであれば，違うワークシートを検討していただきたい。
- 意欲が続くように，ときどき，学級で話題としてとりあげる。

6年生④ ハンディがあるってどういうこと？
■障害がある人との共生を考える

設定理由　この読書の時間は，夢中になって読むというような姿が全員には見られません。どちらかと言えば，「授業中だから聞いたり読んだりする」という様子も見られます。しかし，あえて一度は設定したい読書の時間です。

　読んでいるうちに自分が励まされる言葉にも出会えます。また，障害を持った人がどんな気持ちでいるのか，実は自分たちと変わらないことに気づいてほしいとも思います。

授業以外の活用　『さっちゃんのまほうのて』は読み聞かせに向いている。

時　間　15分（朝読書タイムなどに）。各自で読む時間をとるのであれば45分。

ねらい
- 『さっちゃんのまほうのて』の読み聞かせを聞いて，障害があることについて考える。
- 他の障害のある人が書いた本のブックトークを聞いて関心を持つ。
- 関心のある本を読んでみる。

準　備
- 図書室で，下記の本をさがす。それ以外の障害を持った人の本もさがす。
- 全員で読む時間をとるのであれば，公共図書館や近隣の学校で借りて全員分の冊数をそろえておく。

BOOK
『さっちゃんのまほうのて』（偕成社）
『レーナ・マリア物語』（金の星社）
『五体不満足』（講談社）
『ぼくのお姉さん』（偕成社）
『車いすからこんにちは』（あかね書房）
『かぎりなくやさしい花々』（偕成社）
『鈴の鳴る道』（偕成社）

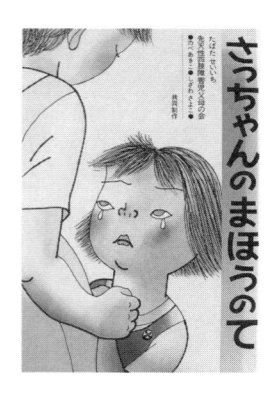

第2章 ●「テーマのある読書の時間」の実際

活動例

時　間	児　童　の　活　動	支　援　・　留　意　点
5分	1　見えるところに移動して，読み聞かせを聞く。	1　『さっちゃんのまほうのて』の読み聞かせをする。
10分	2　ブックトークを聞く。	2　障害のある人について書かれた本のブックトークをする。 ・『レーナ・マリア物語』パラリンピック出場と歌手活動について。 ・『五体不満足』小学校時代のエピソードを交えて，著者の考え方を紹介。 ・『車いすからこんにちは』現在の活動や子ども時代の経験について。 ・『鈴の鳴る道』事故から立ち直り，美しい絵を描くまで。 ・『ぼくのお姉さん』養護学校を出て作業所でもらった初給料でお姉ちゃんが家族をレストランへ連れていく。ぼく（小5）が袋を見たら，3千円しかない。（「どうやって解決したのでしょう？」と疑問を残して話すとよい）

ヒント
- この後に，読む時間をとるのであれば，45分。
- 教室に借りておき，読みたい児童が読むというようにしてもよい。
- 『さっちゃんのまほうのて』のモデルとなった長塚麻衣子さんは，結婚して，2児のお母さんになっていることを付け加えるとよい。
　　参考：さっちゃんのモデルとなった長塚麻衣子さんの著書
　　　『お母さんの手，だいすき！』（中央法規出版）

6年生⑤　夢に向かって

■自分の生き方を考える

設定理由　小学校6年生も後半になると，漠然とではあるが自分の将来について，ある程度，イメージを持つようになっています。一方，そのようなことは全く考えていない児童もいますので，このような時間を設定して，自分のこれからについて一度真剣に考えるきっかけとしていきたいものです。目的に添って，本を有効に活用した調べ学習を設定しました。

時　間　45分×4。

ねらい
- どんな仕事が世の中にあるのか知り，やってみたいという目標や，それに向けてどんなことをしていくのかという関心を持つ。
- 本を有効に使えるようにする。（インターネットを使う場合は，この時間外にする）

準　備
- 図書室にある職業に関する本は，どんなものが何冊あるか調べる。
  例）「夢に近づく仕事の図鑑」（あかね書房）
  　　「知りたい！なりたい！　職業ガイド」（ほるぷ出版）
  　　『ただいまお仕事中』（福音館書店）
- 図書室にないセットの本をできるだけ多く，公共図書館から借りておく。
- ワークシート（P104～P106）を人数分印刷しておく。

BOOK

- 『13歳のハローワーク』（幻冬舎）
- 『わたしが選んだ職業』
  （福音館書店）

第2章 ●「テーマのある読書の時間」の実際

活動例

時　間	児　童　の　活　動	支　援　・　留　意　点
5分	1　学習のめあてを知る。	1　この学習全体の流れを説明する。『13歳のハローワーク』を例に様々な職業があることを話す。
40分	2　自分がなりたい仕事を調べ，ワークシート「将来の仕事①」に記入する。	2　自分がなってみたい仕事を調べるようにさせる。
45分	・いくつか調べて，ワークシート「将来の仕事②」に簡単に記入する。	・自分がなりたい仕事だけではなく，気になる仕事，知りたい仕事も調べるようにさせる。（2種類以上） ・選ぶのに迷っている児童にはアドバイスをする。
45分	・ワークシート「夢に向かって」に，前時までに調べた仕事の中から1つ選んで詳しく書く。その仕事に就くためには，どうしたらよいのか具体的に書く。	・みんなに紹介したい仕事を発表できるようにワークシート③「夢に向かって」にまとめさせる。 ・なるべく多くの本を読めるようにアドバイスする。
40分	1　自分がなりたい（調べたい）仕事について発表する。全員に聞こえる声ではっきり言う。友だちの発表をよく聞く。	1　順に発表させる。友だちの発表について，ひやかしたりしないようによく注意しておく。
5分	2　学習を振り返る。	2　数人に発言させるか，全員に感想カードを書かせて，今回の学習全体のまとめをする。

ヒント
・学習に入る前に希望の仕事のアンケートをとって，本をそろえるとよい。
・中学校に進路のための本は多くあるので借りる方法もある。
・発表は，原稿をなるべく見ないで言うようにさせると聞きやすい。

家庭で夕方読書

　学校での朝読書が全国的な広まりを見せて，成果をあげています。それを家庭でも実施することを提案します。各家庭にすすめてみてください。

　方法は簡単です。お母さん（お父さん）が夕食の準備をするそばで15分から20分間，子どもに本を読ませるのです。忙しい毎日の中でゆっくり座って親子で本を読む時間は，なかなかとれません。下に小さい子がいたり，習い事などの送り迎えをしたり，仕事で遅くなったり……。

　そこで，必ず毎日しなければいけない夕食の準備の時間を使ってみてはどうかと考えました。できるだけ始める時刻を決めておきます。夕食ができあがるまで，子どもは何をして待っていますか？　ゲームやビデオ，テレビにお守りをさせていないでしょうか？　全部消して，しばらく読書の時間にしてください。

　小学校低学年のうちは，声に出して読むほうが練習にもなります。初めは国語の教科書でもいいです。少しずつ読ませて，必ずほめてあげてください。声に出すと，文の区切りがはっきりとして，内容もよくわかります。

　すらすらと読めるようになったら，黙読にします。食事のしたくをしながら見えるところに座って読むようにさせます。もう少し大きくなって，お母さんのそばにばかりいない時期になったら，別の部屋でもいいでしょう。「夕方にはテレビやゲームを消して本を読む」という習慣をつけてもらいたいのです。

　読む本は基本的には子どもに任せます。いつも同じような本ばかりを選んでいるようでしたら「今度は，お母さん（お父さん）のおすすめの本」と，渡してください。この本のリストを参考にしてもらうと，気に入る本に出会えると思います。

　あまり読みたがらない子は，読んだ日はカレンダーに○をつけます。○がいくつかたまったらご褒美に，好きなおかずをつくってあげます（まちがってもゲームソフトなど買い与える「物」にしないように）。

　本を読み終わったら，夕食の準備を手伝ってもらいましょう。今，読んだ本の話や今日のできごとを話しながら。

　低学年のうちは，さらに寝る前やおやつの時間などに，お母さん（お父さん）が読んであげてください。本がいつもそばにある温かい家庭にしましょう。

第3章
理解を深めるワークシート

テーマ「夢に向かって」（6年生）
将来の仕事について考えながら，熱心に読んでいます

1年③

ページのめくりかた

〔なまえ　　　　　　　　　　　〕

せつめいをよんで，ただしいめくりかたをおぼえましょう。

◯ 正（ただ）しいめくりかた

①ページのかどをもって，　➡　②しわにならないようにやさしくめくります。

✕

✕手（て）でおさえつけてめくってはいけません。

✕

✕とじてあるちかくをめくると，かみが切（き）れたり，しわになるので，やめましょう。

1年④

〔なまえ　　　　　　　　　　　　〕

あきのむしをしらべよう

★むしのなまえ　［　　　　　　　　　］

ということが，わかりました。

2年②

なかよしをしらべよう　　名前（　　　　　　　　　）

ぼくがつ調べたおせなかせ，

	つがいた

　　　　　　　　　　　　　　　↑
ついに　ぐんぐんかがいて　◎とてもあつくなった　○あつくなった
かさ'つ'こまをがいこがみせぐすか。

2年⑤

○×クイズ　〔名前　　　　　　　　　　　　　　〕

○でしょうか？×でしょうか？

＊このクイズ用紙は他の内容でも使ってください。

3年②

図鑑（ずかん）を読もう
〔氏　名　　　　　　　　　　　　　　〕

●読んだのは，

[　　　　　　　　　　　　　　] 図鑑（ずかん）

●わかったこと・おもしろかったこと

3年③

チョウについて調べよう 〔氏 名　　　　　　　〕

調べたいこと

絵や図など

3年④

世界の名作クイズA

〔氏　名　　　　　　　　　　　　　　　〕

■登場人物や動物を下から選んで書きましょう。
　わからない場合は，本で調べてください。

1　ピーターパンのそばにいつもいる妖精の名前は？
　（　　　　　　　　　　　）

2　『オズのまほうつかい』，主人公の女の子の名前は？
　（　　　　　　　　　　　）

3　『アルプスの少女』の主人公，ハイジがなかよしになった足が不自由な女の子の名前は？
　（　　　　　　　　　　　）

4　『フランダースの犬』，主人公の男の子の名前は？
　（　　　　　　　　　　　）

5　『ふしぎの国のアリス』の物語で，主人公アリスが，いちばんはじめに追いかけた動物は何？
　（　　　　　　　　　　　）

> ウェンディ　ティンカー・ベル　ルパン
> ローズ　ドロシー　クララ　マリー
> パトラッシュ　ネルロ　ハンス　ピッピ
> 犬　ねこ　うさぎ　ねずみ　ぞう

3年④

世界の名作クイズB

〔氏　名　　　　　　　　　　　　　〕

■登場人物や動物を下から選んで書きましょう。
　わからない場合は，本で調べてください。

1　『しあわせな王子』で，王子にたのまれておつかいをした鳥の種類は？
　　（　　　　　　　　　　　　）

2　『長くつしたのピッピ』で，主人公ピッピがいつも肩にのせている動物は？
　　（　　　　　　　　　　　　）

3　『小公女』，主人公の女の子の名前は？
　　（　　　　　　　　　　　　）

4　『ドリトル先生』に動物のことばを教えたオウムの名前は？
　　（　　　　　　　　　　　　）

5　『十五少年漂流記』は，15人の少年が無人島についてしまった物語です。一番年上の男の子の名前は？
　　（　　　　　　　　　　　　）

　　　　からす　すずめ　つばめ　さる　りす
　　　　たぬき　ローラ　セーラ　リリー　ポリネシア
　　　　九ちゃん　ジャック　ゴードン　ブリアン

3年⑤

☆すきな話をえらんで友だちにしょうかいしましょう。あらすじといっしょに絵をかいて、色もぬりましょう。

〔名 前   〕

4年①

伝記クイズA

〔氏　名　　　　　　　　　　　　　〕

★次の人は，どんなことをした人でしょうか？

エジソン	
ヘレン・ケラー	
野口英世	
ベートーベン	
ナイチンゲール	

伝記クイズB

〔氏　名　　　　　　　　　　　　　〕

★次の人は，どんなことをした人でしょうか？

キュリー夫人	
ワシントン	
マザー・テレサ	
リンカーン	
ベーブ・ルース	

4年①

絵	紹介する人物

(　　年〜　　年)

読んだ本の書名

書いた人

どんな人？

_____
_____
_____
_____

クイズ・マンガコーナー

〔氏　名　　　　　　　　　　　　　　　〕

4年②

（氏名　　　　　　　　　　）

題名「　　　　　　　　　　　　　」

書いたく（　）年生（　　　　　　）さん

6年②

宮沢賢治の物語を読もう

（氏名　　　　　　　　　　）

●作品名

●感想

●宮沢賢治の物語について考えたこと

4年③

行ってみたい国 〔氏 名　　　　　　　　　　　〕

国の名前

国　旗

首　都
（　　　　　　　　　　　　）
言　語
（　　　　　　　　　　　　）
お金の単位
（　　　　　　　　　　　　）

行ってみたいと思う理由

衣服・食べ物・建物・遊び・学校など

4年④

🌿動物の物語
〔氏　名　　　　　　　　　　　　　〕

●紹介の言葉

4年⑤

❀おすすめのシリーズ
〔氏　名　　　　　　　　　　　　　〕

5年②

作者を知ろう

【氏　名　　　　　　　　　】

作者名	
●読んだ本・登場人物・あらすじ	●心に残ったこと
①『　　　　　　　　』	
②『　　　　　　　　』	

●この作者についてわかったこと、思ったこと

暗唱練習用紙　　　　　　　　　　　　　　　　　　　　　　　　5年④

雨ニモマケズ　　　　　　　　　　　宮沢賢治

- □ 雨ニモマケズ
- □ 風ニモマケズ
- □ 雪ニモ 夏ノ暑サニモ マケズ
- □ 丈夫ナ カラダヲ モチ
- □ 欲ハ ナク　　　　　　　　　＊「〜が欲しい」と思わない
- □ 決シテ 瞋ラズ　　　　　　　＊瞋（いか）ラズ
- □ イツモ シズカニ ワラッテイル
- □ 一日ニ 玄米四合ト
- □ 味噌ト少シノ野菜ヲタベ
- □ アラユルコトヲ
- □ ジブンヲ カンジョウニ入レズニ　＊自分を数えないで（自分をぬかして）
- □ ヨク ミキキシ ワカリ　　　　＊よく見て聞いて理解する
- □ ソシテ ワスレズ
- □ 野原ノ 松ノ林ノ 蔭ノ
- □ 小サナ 萱ブキノ小屋ニイテ
- □ 東ニ 病気ノコドモアレバ
- □ 行ッテ看病シテヤリ
- □ 西ニ ツカレタ母アレバ
- □ 行ッテ ソノ稲ノ束ヲ負イ
- □ 南ニ 死ニソウナ人アレバ
- □ 行ッテ コワガラナクテモイイト イイ
- □ 北ニ ケンカヤ ソショウガ アレバ　＊訴訟＝裁判を起こすこと
- □ ツマラナイカラ ヤメロトイイ
- □ ヒデリノトキハ ナミダヲナガシ　＊日照り＝ずっと雨が降らないこと
- □ サムサノナツハ オロオロアルキ
- □ ミンナニ デクノボートヨバレ　　＊役にたたない者と言われ
- □ ホメラレモセズ
- □ クニモサレズ　　　　　　　　　＊苦にもされない＝迷惑だと思われない
- □ ソウイウモノニ
- □ ワタシハ ナリタイ

覚えた行の□に印を書きましょう。

5年④

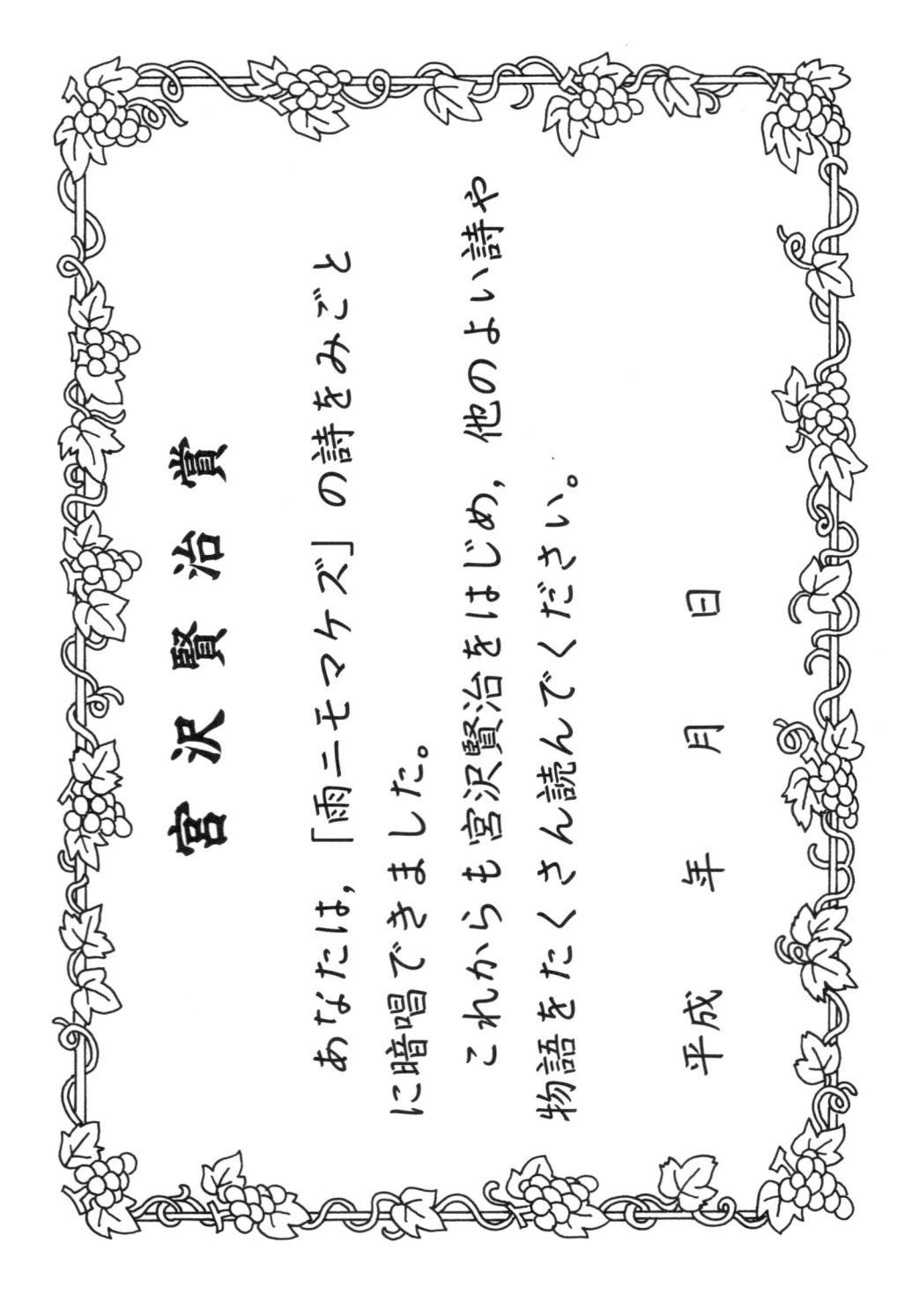

宮沢賢治賞

あなたは、「雨ニモマケズ」の詩をみごとに暗唱できました。
これからも宮沢賢治をはじめ、他のよい詩や物語をたくさん読んでください。

平成　年　月　日

6年③

「日本の歴史」を読破しよう！

〔氏　名　　　　　　　　　　　　　〕
[読み終わった日]

読み終えたら、その時代のイメージに合った色をぬろう

縄文・弥生時代（原始時代）	
古墳・飛鳥時代	
奈良時代	
平安時代	
鎌倉時代	
室町時代 南北朝時代	
戦国時代（安土・桃山時代）	
江戸時代	
明治時代	
大正時代	
昭和時代	

世紀	時代	
紀元前	原始時代	縄文時代 / 弥生時代
1		弥生時代
2		
3	古代	古墳時代・飛鳥時代
4		
5		
6		
7		
8		奈良時代
9		平安時代
10		
11		
12		
13	中世	鎌倉時代
14		
15		室町時代 / 南北朝
16		戦国 / 安土・桃山時代
17	近世	江戸時代
18		
19	近代	明治 / 大正
20	現代	昭和

●先生から

6年⑤

将来の仕事　①　〔氏　名　　　　　　　　　　　〕

調べた仕事	わかったこと

6年⑤

将来の仕事 ②　〔氏　名　　　　　　　　　　　　　〕

★気になる仕事についてくわしく調べてみましょう

■職名
■どんな仕事？
■どうしたらなれる？　今から準備することは？
■この仕事の楽しみは？

■職名
■どんな仕事？
■どうしたらなれる？　今から準備することは？
■この仕事の楽しみは？

6年⑤

夢 に 向 か っ て
〔氏　名　　　　　　　　　　　　　〕

職業

★なりたい，みんなに紹介したい理由

★仕事の内容

★どうしたらなれるか？　今からできることはある？

予約の順番

クラス	よやくしたい本 のだいめい	
	なまえ	かりた日
年　組		
年　組		
年　組		
年　組		
年　組		
年　組		
年　組		
年　組		

［使い方］複数の児童が借りたい本は，順番を決めて書いておきます。借りた日を書いた児童が，本を持っているとわかります。1週間以内に次へ回す約束にします。

学年別　おすすめの本 20 冊

　実際に読み聞かせや紹介をした中から反応のよかった本，貸し出しの冊数がふえた本や，薦めたい本を選びました。子ども一人一人の発達の仕方，興味の持ち方はさまざまですから，学年はだいたいの目安として考えてください。シリーズものは一重カギ（「　」）で表わしました。

🌀 1年生

　入学してから1年間で，ぐっと力がつきます。前半は読み聞かせを中心にしてください，読み聞かせした本をもう一度読む子が何人も見られます。聞く力もつきます。後半は自分で読めるように励ましていきます。

- ●『だいくとおにろく』　松井直再話　赤羽末吉画（福音館書店）
- ●『あおくんときいろちゃん』　レオ・レオーニ作　藤田圭雄訳（至光社）
- ●『ブタヤマさんたらブタヤマさん』　長 新太作（文研出版）
- ●「ねずみくんの絵本」　なかえよしを作　上野紀子絵（ポプラ社）
- ●『かいじゅうたちのいるところ』　モーリス・センダック作　じんぐうてるお訳（富山房）
- ●『ガンピーさんのふなあそび』　ジョン・バーニンガム作　みつよしなつや訳（ほるぷ出版）
- ●『からすのパンやさん』　かこさとし作（偕成社）
- ●『まっくろネリノ』　ヘルガ・ガルラー作　矢川澄子訳（偕成社）
- ●『どうながのプレッツェル』　マーグレット・レイ文　H. A. レイ絵　わたなべしげお訳（福音館書店）
- ●『162ひきのカマキリたち』　得田之久作（福音館書店）
- ●『おまたせクッキー』　パット・ハッチンス作　乾侑美子訳（偕成社）
- ●「11ぴきのねこシリーズ」　馬場のぼる作　全6巻（こぐま社）
- ●『おおきなおおきなおいも―鶴巻幼稚園・市村久子の教育実践による』　赤羽末吉作・絵　（福音館書店）
- ●『ごちゃまぜカメレオン―わたしといっしょにこのほんをつくったこどもたちへ―』
　　　　　　　　　　　　　　　　　　　　　　　　エリック・カール作　やぎたよしこ訳（偕成社）
- ●『ひとまねこざるときいろいぼうし』　H. A. レイ文・絵　光吉夏弥訳（岩波書店）
- ●『ちいさなヒッポ』　マーシャ・ブラウン作　うちだりさこ訳（偕成社）
- ●『どろんこハリー』　ジーン・ジオン文　マーガレット・ブロイ・グレアム絵　わたなべしげお訳
　　　　　　　　　　　　　　　　　　　　　　　　　　　　　　　　　　　　　　（福音館書店）
- ●『わゴムはどのくらいのびるかしら？』　マイク・サーラー文　ジェリー・ジョイナー絵　岸田衿子訳
　　　　　　　　　　　　　　　　　　　　　　　　　　　　　　　　　　　　　　（ほるぷ出版）
- ●『しょうぼうじどうしゃじぷた』　渡辺茂男作　山本忠敬絵（福音館書店）
- ●『はたらきもののじょせつしゃけいてぃー』　バージニア・リー・バートン文・絵　いしいももこ訳
　　　　　　　　　　　　　　　　　　　　　　　　　　　　　　　　　　　　　　（福音館書店）

学年別　おすすめの本 20 冊

❀ 2年生

　この2年生向きの本は，自分で読むように選びました。読んであげるなら1年生にもお薦めです。楽しいだけではなく，哀しさ，畏れ，ユーモア，冒険へのあこがれなどいろいろな感覚を味わえる本を入れました。

- 『ちいさいおうち』　バージニア・リー・バートン文・絵　いしいももこ訳（岩波書店）
- 『かわいそうなぞう』　つちやゆきお文　たけべもといちろう絵（金の星社）
- 『よかったねネッドくん』　チャーリップ文・絵　八木田宜子訳（偕成社）
- 『プンクマインチャ―ネパール民話―』　大塚勇三再話　秋野亥左牟画（福音館書店）
- 『おさるはおさる』　いとうひろし作・絵（講談社）
- 『エルマーのぼうけん』
　ルース・スタイルス・ガネット作　ルース・クリスマン・ガネット絵　わたなべしげお訳（福音館書店）
- 『おしいれのぼうけん』　古田足日作　たばたせいいち画（童心社）
- 「もりはおもしろランド」　舟崎靖子作　舟崎克彦絵（偕成社）
- 『番ねずみのヤカちゃん』　リチャード・ウィルバー作　大社玲子絵　松岡享子訳（福音館書店）
- 『赤い目のドラゴン』　リンドグレーン文　ヴィークランド絵　ヤンソン由実子訳（岩波書店）
- 『ばけものでら』　岩崎京子文　田島征三絵（教育画劇）
- 『どろんここぶた』　アーノルド・ローベル作　岸田衿子訳（文化出版局）
- 『ゼラルダと人喰い鬼』　トミー・ウンゲラー著　たむらりゅういち／あそうくみ訳（評論社）
- 『おじいさんならできる』　フィービ・ギルマン作・絵　芦田ルリ訳（福音館書店）
- 『ねえ，どれが　いい？』　ジョン・バーニンガム作　まつかわまゆみ訳（評論社）
- 「ぽっぺん先生のどうぶつ日記」　舟崎克彦著（パロル舎）
- 『おおはくちょうのそら』　手島圭三郎絵・文（リブリオ出版）
- 『たんぽぽ』　平山和子文・絵　北村四郎監修（福音館書店）
- 『なぞなぞライオン』　佐々木マキ作（理論社）
- 「モンスター・ホテルシリーズ」　柏葉幸子作　高畠　純絵（小峰書店）

❀ 3年生

　3年生になると，相当むずかしい本も読めます。一方，読むのが苦手な子もいますが，多読することによって読めるようになってきます。中学年は大きく成長する時期です。興味のある本をどんどん読ませてください。冊数がたくさんある人気のシリーズを集めました。毎年，どれかを買っていくといかがでしょうか？　読み聞かせの本は，4年生以上もよく聞きます。

〈自分で読むには〉
- 「こども世界名作童話」（ポプラ社）
- 「ピーターラビットの絵本」　ビアトリクス・ポター作・絵　石井桃子訳（福音館書店）
- 「わかったさんのおかしシリーズ」　寺村輝夫作　永井郁子絵（あかね書房）

109

- 「おはなしりょうりきょうしつ」 寺村輝夫作　岡本颯子絵（あかね書房）
- 「かいぞくポケット」 寺村輝夫作　永井郁子絵（あかね書房）
- 「なん者・にん者・ぬん者」 斉藤洋作　大沢幸子絵（あかね書房）
- 「ぼくは王さま」 寺村輝夫著（理論社）
- 「タンタンの冒険旅行シリーズ」 エルジェ作　川口恵子訳（福音館書店）
- 「森のネズミシリーズ」 岡野薫子作　上條滝子絵（ポプラ社）
- 「日本のおばけ話・わらい話」 木暮正夫文　原ゆたか絵（岩崎書店）

〈読み聞かせには〉
- 『じごくのそうべえ―桂米朝・上方落語・地獄八景より―』 田島征彦作（童心社）
- 『ものぐさトミー』 デュボア文・絵　松岡享子訳（岩波書店）
- 『せかいいち大きな女の子のものがたり』
　　　　　　　　　ポールO・ゼリンスキー絵　アン・アイザックス文　落合恵子訳（富山房）
- 『太陽へとぶ矢―インディアンにつたわるおはなし』
　　　　　　　　　ジェラルド・マクダーモット作　じんぐうてるお訳（ほるぷ出版）
- 『かたあしだちょうのエルフ』 小野木学文・絵（ポプラ社）
- 『サーカスのライオン』 川村たかし文　斎藤博之絵（ポプラ社）
- 『さっちゃんのまほうのて』
　　　　たばたせいいち　先天性四肢障害児父母の会　のべあきこ・しざわさよこ共同制作（偕成社）
- 『アナグマのもちよりパーティ』 ハーウィン・オラム文　スーザン・バーレイ絵　小川仁央訳（評論社）
- 『スーホの白い馬―モンゴル民話―』 大塚勇三再話　赤羽末吉絵（福音館書店）
- 『花さき山』 斉藤隆介作　滝平二郎絵（岩崎書店）

4年生

　考え方がしっかりしてきて，読書力がついてきます。文字が小さい本に抵抗感を持つ子がいますが，興味の持てる内容の本に出会って自然に読めるようになる姿を何度も見ました。一つのシリーズを意欲的に読む子が出てきて，読む速度をつけてきます。どの子もお気に入りのシリーズ（本）に出会えるようにさせたい時期です。ここにあげた本は，3年生にも5・6年生にも人気があります。

- 「落語絵本」 川端誠作（クレヨンハウス）
- 『注文の多い料理店』 宮沢賢治作　島田睦子絵（偕成社）
- 「デルトラ・クエスト」 エミリー・ロッダ作　岡田好恵訳　はけたれいこ画（岩崎書店）
- 『小さい魔女』 オトフリート・プロイスラー作　ウィニー・ガイラー画　大塚勇三訳（学習研究社）
- 『子どもに語るグリムの昔話①～⑥』 佐々梨代子・野村泫訳（こぐま社）
- 「かぎばあさんシリーズ」 手島悠介作　岡本颯子絵（岩崎書店）
- 『シートン動物記1』（オオカミ王ロボ他）　シートン著　きむらしゅうじ画　藤原英司訳（集英社）
- 『片耳の大シカ』 椋鳩十著　椋鳩十全集2（ポプラ社）

学年別　おすすめの本 20 冊

- 『たにんどんぶり』　あかねるつ文　梶山直美絵（講談社）
- 『長くつ下のピッピ』　アストリッド・リンドグレーン作　大塚勇三訳（岩波書店）
- 『ルドルフとイッパイアッテナ』　斉藤洋著　杉浦範茂絵（講談社）
- 『火よう日のごちそうはひきがえる』
　　　　　　　　　　ラッセル E. エリクソン作　ローレンス D. フィオリ画　佐藤涼子訳（評論社）
- 『冒険者たち―ガンバと十五ひきの仲間』　斉藤惇夫作　藪内正幸画（岩波書店）
- 「伝記文庫」（ポプラ社）
- 「ズッコケ三人組シリーズ」　那須正幹作　前川かずお原絵（ポプラ社）
- 「ミルドレッドの魔女学校」　ジル・マーフィ作・絵　松川真弓訳（評論社）
- 「パスワードシリーズ」　松原秀行作　講談社青い鳥文庫（講談社）
- 『大千世界の生き物たち』　スズキコージ作（架空社）
- 『ちいちゃんのかげおくり』　あまんきみこ作　上野紀子絵（あかね書房）
- 『だれも知らない小さな国』　佐藤さとる作　村上勉絵（講談社）

5年生

体も大きくなり，子ども時代に少しずつ別れを告げる時期です。5年生になっても本がよく読めないと「本は嫌い」と言う子がいますが，これまでに気に入る本に出会えなかったことが原因です。4年生までで紹介してある本を中心にいろいろ薦めてください。

- 『クローディアの秘密』　E. L. カニグズバーグ作　松永ふみ子訳（岩波書店）
- 『木を植えた男』　ジャン・ジオノ作　フレデリック・バック絵　寺岡襄訳（あすなろ書房）
- 「名探偵夢水清志郎事件ノート」　はやみねかおる作　村田四郎絵　講談社青い鳥文庫（講談社）
- 『はだしのゲン』　中沢啓治作　（汐文社）
- 『ドリトル先生アフリカゆき』　ヒュー・ロフティング作・絵　井伏鱒二訳（岩波書店）
- 『いちご』　倉橋燿子作　講談社青い鳥文庫（講談社）
- 『キャプテンはつらいぜ』　後藤竜二作　杉浦範茂絵（講談社）
- 『ハッピーバースデー―命かがやく瞬間』　青木和雄作　加藤美紀画（金の星社）
- 「名探偵シャーロック・ホームズ」　コナン・ドイル作　中尾明ら訳（岩崎書店）
- 「モモちゃんとアカネちゃんの本」　松谷みよ子著（講談社）
- 『ふたりのロッテ』　エーリヒ・ケストナー作　高橋健二訳（岩波書店）
- 「シリーズ怪盗ルパン」　ルブラン原作　南洋一郎文（ポプラ社）
- 「少年探偵・江戸川乱歩」　江戸川乱歩著　新訂（ポプラ社）
- 『霧のむこうのふしぎな町』　柏葉幸子著　竹川功三郎絵（講談社）
- 「こそあどの森の物語」　岡田淳作（理論社）
- 「絵本・日本の童話名作選　宮沢賢治作品」（偕成社）
- 『ハンカチの上の花畑』　安房直子作　岩淵慶造絵（あかね書房）
- 『若草物語』　ルイザ・メイ・オルコット著　植松佐知子訳　山内亮絵（集英社）

- 『十五少年漂流記』 ジュール・ベルヌ著 末松氷海子訳 柳柊二絵（集英社）
- 『わたしと小鳥とすずと』 金子みすゞ著 矢崎節夫選 高畠純挿絵（JULA出版局）

6年生

小学校時代も終わりになります。上記の本に触れてきているでしょうか？ 書名やあらすじはわかるようにして，中学へ送りたいものです。6年生は様々な分野から視野を広げる本を選びました。

- 『エイズと闘った少年の記録』
　　　　　　　　　　　　ライアン・ホワイト，アン・マリー・カニンガム著 加藤耕一訳（ポプラ社）
- 『蜘蛛の糸』 芥川龍之介作 遠山繁年絵（偕成社）
- 『はてしない物語』 ミヒャエル・エンデ作 上田真而子・佐藤真理子訳（岩波書店）
- 『赤毛のアン』 モンゴメリー作 掛川恭子訳 山本容子装画・さし絵（講談社）
- 『杉原千畝物語―命のビザをありがとう』 杉原幸子・杉原弘樹著（金の星社）
- 『坂本竜馬―明治維新の原動力』 砂田弘著 火の鳥伝記文庫（講談社）
- 「守り人シリーズ」 上橋菜穂子作 二木真希子・佐竹美保絵（偕成社）
- 『ぼくのお姉さん』 丘修三作 かみやしん絵（偕成社）
- 『五体不満足』 乙武洋匡著（講談社）
- 『リズム』 森絵都著（講談社）
- 『マチルダはちいさな大天才』 ロアルド・ダール作 クェンティン・ブレイク絵 宮下嶺夫訳（評論社）
- 『影との戦い―ゲド戦記Ⅰ』 ル・グウィン作 ロビンス絵 清水真砂子訳（岩波書店）
- 『ぼくが宇宙をとんだわけ―毛利衛と宇宙のこれから―』 日野多香子文（講談社）
- 「バッテリー」 あさのあつこ作 佐藤真紀子絵（教育画劇）
- 『宝島』 R.L.スティーブンソン原作 宗方理文 徳田秀雄絵（講談社）
- 『ライオンと魔女』 C.S.ルイス作 ポーリー・ベインズ絵 瀬田貞二訳（岩波書店）
- 「集英社版・学習漫画 日本の歴史」 岡村道雄ほか監修（集英社）
- 『ふくろ小路一番地』 ガーネット作・絵 石井桃子訳 岩波少年文庫（岩波書店）
- 『ルピナスさん―小さなおばあさんのお話―』 バーバラ・クーニー作 かけがわやすこ訳（ほるぷ出版）
- 『夏の庭―The Friends―』 湯本香樹実著（徳間書店）

掲出図書一覧

1年生①
『ブタヤマさんたらブタヤマさん』　長新太作（文研出版）
『よかったね　ネッドくん』　レミー・チャーリップ作　やぎたよしこ訳（偕成社）
『おおきなかぶ』　A.トルストイ再話　内田莉莎子訳　佐藤忠良絵（福音館書店）
『やさいのおなか』　きうちかつ作・絵（福音館書店）
『しっぽのはたらき』　川田健作　藪内正幸絵　今泉吉典監修（福音館書店）

1年生②
『あおくんときいろちゃん』　レオ・レオーニ作　藤田圭雄訳（至光社）
『スイミー―ちいさなかしこいさかなのはなし―』　レオ・レオーニ作　谷川俊太郎訳（好学社）

1年生③
「ねずみくんの絵本シリーズ」　なかえよしを作　上野紀子絵（ポプラ社）
『14ひきのあさごはん』　いわむらかずお作（童心社）
『ねずみくんのチョッキ』『りんごがたべたいねずみくん』　なかえよしを作　上野紀子絵（ポプラ社）
『番ねずみのヤカちゃん』　リチャード・ウィルバー作　松岡享子訳　大社玲子絵（福音館書店）

1年生④
『162ひきのカマキリたち』　得田之久作（福音館書店）
『むしたちのうんどうかい』　得田之久文　久住卓也絵（童心社）

1年生⑤
『ひとまねこざる』　H.A.レイ作　光吉夏弥訳（岩波書店）
『はらぺこあおむし』　エリック・カール作・絵　もりひさし訳（偕成社）
『ばばばあちゃんのやきいもたいかい』　さとうわきこ作（福音館書店）
『どうながのプレッツェル』　H.A.レイ絵　マーグレット・レイ文　渡辺茂男訳　（福音館書店）
『パパ、お月さまとって！』　エリック・カール作　もりひさし訳（偕成社）
『おりょうりとうさん』　さとうわきこ作・絵　（フレーベル館）

・・・

2年生①
『おさるはおさる』　いとうひろし作・絵（講談社）
『おさるのおうさま』　いとうひろし作・絵（講談社）
『おさるになるひ』　いとうひろし作・絵　（講談社）
『おさるのまいにち』　いとうひろし作・絵（講談社）
『おさるがおよぐ』　いとうひろし作・絵（講談社）
『ペンギンパトロールたい』　斎藤洋作　高畠純絵（講談社）

2年生②
『したきりすずめ』　関敬吾監修　司修文・絵（フレーベル館）　＊入手不可
『かぐや姫』　千葉幹夫文・構成　織田観潮画（講談社）
『いっすんぼうし』　いしいももこ作　秋野不矩絵（福音館書店）
『ばけものでら』　岩崎京子文　田島征三絵（教育画劇）
『さんまいのおふだ』　水沢謙一再話　梶山俊夫画（福音館書店）

2年生③
『エルマーのぼうけん』　R.S.ガネット作　R.C.ガネット絵　わたなべしげお訳（福音館書店）
『エルマーとりゅう』　R.S.ガネット作　R.C.ガネット絵　わたなべしげお訳（福音館書店）
『エルマーと16ぴきのりゅう』　R.S.ガネット作　R.C.ガネット絵　わたなべしげお訳（福音館書店）

2年生④
『エパミナンダス』　おはなしのろうそく1　東京子ども図書館編（東京子ども図書館）

『なぞなぞえほん』 1～3のまき　中川李枝子作　山脇百合子絵（福音館書店）
『なぞなぞ100このほん』　M.ブラードフ採集　松谷さやか編訳　M.ミトゥーリチ絵（福音館書店）
『なぞなぞあそびうた』　角野栄子作　スズキコージ絵（のら書店）
『なぞなぞライオン』　佐々木マキ作（理論社）
『なぞなぞのすきな女の子』　松岡享子作　大社玲子絵（学習研究社）
2年生⑤
『たんぽぽ』　平山和子文・絵　（福音館書店）
『タンポポ』　清水清監修　七尾純構成・文　えほん・フォトかみしばい⑥（あかね書房）

・・・

3年生①
『おしゃべりなたまごやき』　寺村輝夫作　長新太画（福音館書店）
「寺村輝夫・王さまの本」　寺村輝夫作　和歌山静子絵　全31巻（理論社）
『王さまかいぞくせん』　寺村輝夫作　和歌山静子絵（理論社）
3年生②
『とべバッタ』　田島征三作（偕成社）
『のりもの運転席ずかん』　松本典久文　井上広和写真（小峰書店）
『マンモス探検図鑑』　村田真一文　松岡達英絵（岩崎書店）
『昆虫の図解』　黒沢良彦監修（学習研究社）
『生活探検大図鑑』　田部井満男他編集（小学館）
『イヌのすべて調べ図鑑』1～3　今泉忠明著　大石容子他イラスト（汐文社）
3年生③
『モンシロチョウはなにがすき？』　藤井恒文　たかはしきよし絵（福音館書店）
『チョウの不思議をさぐる』　須田孫七監修　鈴木斉文　小川賢一絵（汐文社）
『チョウのくらし』　七尾純著（偕成社）
『モンシロチョウ』　矢島稔著　（あかね書房）
『モンシロチョウの観察』　石井象二郎文　つだかつみ絵（偕成社）
3年生④
『フランダースの犬』　ウィーダ作　榊原晃三訳　ラベリー　M.ジョーンズ絵（集英社）
『十五少年漂流記』　ベルヌ作　那須辰造訳　金斗鉉絵（講談社）
3年生⑤
『のはらうたⅠ』，『のはらうたⅡ』　工藤直子（童話屋）

・・・

4年生①
「おもしろくてやくにたつ子どもの伝記」（ポプラ社）
「子どもの伝記」（ポプラ社）
4年生②
『ひざし』　印旛地区教育研究会国語研究部〈印旛国語同好会〉　＊非売品
4年生③
「世界の子どもたちはいま」　西村佐二指導　全24巻（学習研究社）
「きみにもできる国際交流」　西村成雄ほか監修　全24巻（偕成社）
「国際理解に役立つ世界の衣食住」　江上佳奈美・和仁皓明・小松義夫・石山彰監修　全10巻（小峰書店）
「行ってみたいなあんな国こんな国」　東菜奈絵・文　全5巻（岩崎書店）
『世界がわかる国旗の本』　長瀬恵一郎・塚本剛生編集（学習研究社）
『外国の小学校』　斎藤次郎文　西山悦子写真（福音館書店）
4年生④
『シートン動物記1』　シートン著　藤原英司訳　きむらしゅうじ画（集英社）
『のら犬物語』　戸川幸雄作　石田武雄画　フォア文庫（金の星社）
『片耳の大シカ』　椋鳩十著（ポプラ社）
4年生⑤
『ドリトル先生物語全集』　ロフティング作・絵　井伏鱒二訳　全12巻（岩波書店）

掲 出 図 書 一 覧

「タンタンの冒険旅行シリーズ」　エルジェ作　川口恵子訳（福音館書店）
「ズッコケ三人組シリーズ」　那須正幹作　前川かずお原画（ポプラ社）
「かぎばあさんシリーズ」　手島悠介作　岡本颯子絵　全20巻（岩崎書店）
「かいぞくポケット」　寺村輝夫作　永井郁子絵　全20巻（あかね書房）
「なん者・にん者・ぬん者」　斉藤洋作　大沢幸子絵　全15巻（あかね書房）
「少年探偵・江戸川乱歩」　江戸川乱歩著　全26巻（ポプラ社）
「名探偵シャーロック・ホームズ」　コナン・ドイル作　中尾明ら訳　全28巻（岩崎書店）
「シリーズ怪盗ルパン」　ルブラン原作　南洋一郎文　全20巻（ポプラ社）
「こそあどの森の物語」　岡田淳作・絵（理論社）
「パスワードシリーズ」　松原秀行著　講談社青い鳥文庫（講談社）
『沈黙の森』「デルトラクエスト」1　エミリー・ロッダ作　岡田好恵訳　はけたれいこ画（岩崎書店）
『大千世界のなかまたち』　スズキコージ著（福音館書店）
『大千世界の生き物たち』　スズキコージ著（架空社）

・・・

5年生①
「朝日小学生新聞」（朝日学生新聞社）
5年生②
『だれも知らない小さな国』　佐藤さとる作　村上勉絵　青い鳥文庫（講談社）
5年生③
「ハリー・ポッターシリーズ」　J.K.ローリング作　松岡佑子訳　ダン・シュレシンジャー絵（静山社）
『魔女の宅急便』　角野栄子作　林明子画（福音館書店）
『魔法のゆび』　ロアルド・ダール作　ウィリアム・デュボワ絵　宮下嶺夫訳（評論社）
『魔法のカクテル』　ミヒャエル・エンデ作　川西芙沙訳（岩波書店）
『魔法の学校』　ミヒャエル・エンデ作　矢川澄子訳（岩波書店）
『小さい魔女』　プロイスラー作　大塚勇三訳（学習研究社）
『魔女ジェニファとわたし』　カニグズバーグ作　松永ふみ子訳（岩波書店）
『魔女学校の一年生』　ジル・マーフィ作・絵　松川真弓訳（評論社）
5年生④
『注文の多い料理店』　宮沢賢治著　島田睦子絵　日本の童話名作選（偕成社）
『雨ニモマケズ―画本宮沢賢治』　宮沢賢治作　小林敏也画（パロル舎）
5年生⑤
『わたしのいもうと』　松谷みよ子文　味戸ケイコ絵（偕成社）
『あなたが守るあなたの心・あなたのからだ』　森田ゆり作　平野恵理子絵（童話館出版）
『世界人権宣言』　アムネスティ・インターナショナル日本支部、谷川俊太郎著（金の星社）
『いや！　というのはどんなとき？』　きたざわきょうこ作　はせがわみずよし絵（アーニ出版）
『すべての子どもたちのために』　キャロライン・キャッスル文　池田香代子訳（ほるぷ出版）

・・・

6年生①
『子どもに語るグリムの昔話①』　佐々梨代子・野村泫訳（こぐま社）
『くまおとこ』　ホフマン画　酒寄進一訳（福武書店）＊絶版
6年生②
『よだかの星』　宮沢賢治作　中村道雄絵（偕成社）
『よだかの星』　集団読書テキスト（全国学校図書館協議会）
『虔十公園林』宮沢賢治絵童話集④（くもん出版）
『宮沢賢治全集』　第八巻（筑摩書房）
6年生③
「学習漫画　日本の歴史」　笠原一男責任編集・考証（集英社）
6年生④
『さっちゃんのまほうのて』
　　たばたせいいち作　先天性四肢障害児父母の会　のべあきこ　しざわさよこ共同制作（偕成社）

『レーナ・マリア物語』 レーナ・マリア　遠藤町子作（金の星社）
『五体不満足』 乙武洋匡著（講談社）
『ぼくのお姉さん』 丘修三作　かみやしん絵（偕成社）
『車いすからこんにちは』 嶋田泰子著　風川恭子絵（あかね書房）
『かぎりなくやさしい花々』 星野富弘著（偕成社）
『鈴の鳴る道』 星野富弘著（偕成社）
『お母さんの手，だいすき！』 長塚麻衣子著（中央法規出版）

6年生⑤

『13歳のハローワーク』 村上龍著　はまのゆか絵（幻冬舎）
「夢に近づく仕事の図鑑」「仕事の図鑑」編集委員会編　全12巻（あかね書房）
「知りたい！なりたい！職業ガイド」 ヴィットインターナショナル企画室編　（ほるぷ出版）
『ただいまお仕事中』 おちとよこ文　秋山とも子絵（福音館書店）
『わたしが選んだ職業』「わたしが選んだ職業」 編集委員会著（福音館書店）

索　引

■あ行
朝読書　12
暗唱　73, 101, 102
生き方　56, 84
インターネット　10, 18, 60
絵本　21, 26, 27
オリエンテーション　10

■か行
学校司書　1, 17
学校図書館司書教諭　9, 10
学校図書館の役目　6
家庭との連携　14, 16
借りた本の管理　18
公共図書館との連携　14
国際理解　60, 61, 98

■さ行
作文　58, 59
作者を手がかりにさがす方法　34, 35, 68, 69, 100
詩　54, 55, 72, 94
しおり　40, 41
障害の理解　82, 83
将来の仕事　84, 85, 104〜106
調べ学習　17, 18, 32, 44, 50, 91
新聞　66, 67
人権　74, 75
図鑑　48, 49, 90
ストーリーテリング　76, 77
選書　6, 10, 14
蔵書管理　11

■た行
多読　46, 64
他の学校との連携　14
図書クイズ　38, 44, 45, 52, 57, 90, 92, 93, 95
図書室通信　9

■テーマのある読書の時間　1, 8, 13〜16, 25
手袋人形　45
伝記　56, 57
動物の物語　62, 63, 99
図書委員　2, 22
図書ボランティア　19, 20
読書力　6, 12, 15, 64

■な行
長い物語　40, 52, 56, 70
なぞなぞ　42, 43

■は行
百科事典　51, 56, 57
ブックトーク　12, 24
文学作品　72, 78, 79
ページのめくり方　30, 31, 49, 88
ペープサート　42
本の集め方　14, 15
本を読む時間　8

■ま行
漫画　80
昔話　38, 39, 89
名作　52, 53
文字の大きい本　36, 37

■や行
夕方読書　86
読まれない本　11
読み聞かせ　12, 21, 24, 26, 28

■ら行
歴史　80, 103

■わ行
ワークシート　25, 88〜106

質問・相談用紙

　学校図書館づくりに関するさまざまな疑問や悩みにお答えいたします。この質問・相談用紙にご記入の上，郵便またはファックスでお送りください（郵便の場合は，切手を貼った返信用封筒を同封してください）。メールでもかまいません。無料です。お気軽にどうぞ。なお，ご記入いただいた個人情報は，ご質問への返事および，私の学校図書館活動の案内や研究の資料にさせていただくために利用し，その目的以外での利用はいたしません。

　　　連絡先　〒260-0027　千葉県千葉市中央区新田町17-14-501　fax　043-245-7197
　　　　　　　E-mail　nobue-w@amber.plala.or.jp　渡辺暢恵　宛

●お名前

●（学校または自宅の）ご住所
〒

●FAX番号　　　　　　　　　　　●E-mailアドレス
　（　　　）　　―

○で囲んでください
学校図書館司書教諭　図書主任
学校司書　図書ボランティア
その他（　　　　　　　　）

●学校図書館づくりに関するご質問をお書きください

著者紹介

渡辺暢恵

1959年生まれ。東京学芸大国語科卒。小学校教諭在任中図書主任となり，学校図書館司書教諭資格取得後，学校司書として小学校8校，中学校2校に勤務。

〈現在〉
学校図書館，児童書について研究。
学校図書館づくり支援や研修会の講師等活動中。
〈著書〉
『子どもが生き生きする学校図書館づくり』
『子どもと一緒に進める学校図書館の活動と展示・掲示12カ月』（ともに黎明書房）
〈連絡先〉
〒260-0027　千葉県千葉市中央区新田町17－14－501
Tel　043－245－7197　または，050－7512－1507（IP電話）
E-mail : nobue-w@amber.plala.or.jp
＊学校図書館の作り方，ボランティアの方法，読み聞かせなどアドバイスします。
　前頁の質問・相談用紙をコピーしてお使いください。

子どもの読書力を育てる学校図書館活用法〈1年〜6年〉

2005年5月1日　初版発行
2006年4月20日　4刷発行

著　者	渡辺　暢恵
発行者	武馬　久仁裕
印　刷	株式会社　太洋社
製　本	株式会社　太洋社

発　行　所　　　　株式会社　黎明書房

〒460-0002　名古屋市中区丸の内3-6-27 EBSビル　☎052-962-3045
　　　　　　　　　FAX052-951-9065　振替・00880-1-59001
〒101-0051　東京連絡所・千代田区神田神保町1-32-2　南部ビル302号
　　　　　　　　　☎03-3268-3470

落丁本・乱丁本はお取替します　　　　　　　　　ISBN4-654-01751-8
　　Ⓒ N. Watanabe 2005, Printed in Japan

子どもが生き生きする 学校図書館づくり B5・130頁　2400円	渡辺暢恵著　子どもに読書の楽しさを伝える学校図書館の作り方を，本の配置，購入，管理，環境整備，教師やボランティアとの連携などの視点から図を交え詳述。
子どもと一緒に進める 学校図書館の活動と展示・掲示 12カ月 B5・106頁　2600円	渡辺暢恵著　コピーしてできる資料と型紙付き　児童・生徒の興味を引き出し，手にとる本の幅が広がるように工夫された図書室の展示や掲示と，図書室での具体的な活動を紹介。
子どもと心を見つめる詩 B5・176頁　2200円	西郷竹彦編著　詩の読み方・味わい方　子どもと一緒に読み味わいたい詩123編を取り上げ，それぞれの詩の表現のすばらしさを解き明かし，深い鑑賞へと導く。
名句の美学（上）（下） 四六・上巻230頁　2600円 四六・下巻260頁　2136円	西郷竹彦著　古典から現代俳句までの名句の胸のすく新解釈。教科書に出てくる俳句のほとんどを全巻で網羅。国語教師必読の書。下巻末に俳人坪内稔典氏との対談収録。
知っているときっと役に立つ 難読漢字クイズ104 A5・126頁　1500円	杉浦重成・神吉創二・片山壮吾・井川裕之著　知っていてもなかなか読めない，動・植物の名前や衣食住，歴史・地理に関する言葉など，難読漢字の読みや由来が学べる104問。
増補・コピーして使える 楽しい漢字クイズ＆パズル ＆ゲーム B5・120頁　1600円	杉浦重成・神吉創二著　遊びながら漢字がおぼえられ，どんどん興味がわいてくる1年から6年までの49題に，発展学習に最適な各学年のパワーアップ問題をプラス。
学級づくりハンドブック A5・200頁　1800円	現代教育文化研究所編著　班・学級会の作り方から，全員が参加する授業，学級の安全管理，集団生活に必要な規範意識の育て方等，子どもの個性を生かす学級づくりの理論と方法を詳述。
ゲーム感覚で学ぼう コミュニケーションスキル A5・97頁　1600円	田中和代著　小学生から　指導者ハンドブック①　初対面同士でも親しくなれるゲームや，相手の話を聴く練習，爽やかに自己主張するアサーショントレーニング等，簡単で効果があるもの31種。
小学校で使える 室内遊び＆外遊び40 A5・94頁　1600円	斎藤道雄著　雨の日でもできる遊び付き　指導者ハンドブック⑤　子どもたちの笑顔とやる気を引き出す小学校の授業や体操，雨の日にもできるゲームなど計40種を紹介。対象学年の目安を明記。

＊表示価格は本体価格です。別途消費税がかかります。